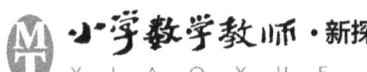

刘全祥 著

提大问题，
做大气的数学教师

教学需要大智慧

（代序）

虽与刘全祥老师认识不久，但他热衷教研、做事认真的态度却给我留下了深刻的印象。最近，刘老师把他的新作《提大问题，做大气的数学教师》书稿发给我看。断断续续看完整本书稿后，受刘老师书中的观点启发，结合小学数学教学的现状，谈谈我对本书的一些体会，权作为序。

《义务教育数学课程标准》（2011年版）提出，应增强学生发现和提出问题的能力、分析和解决问题的能力。然而，实际情况是，相当部分一线教师依然把研究的重点放在提问的技巧性上，在问题的指向性和精确性上下工夫，为了"牵引"而"问"，真正"为了不教"而"问"、为了"不问"而"问"的研究还很少，呈现的问题大多是"花费较短时间的即时思考型问题"（日本数学家广中平佑语），这已成为数学教育的一种痼疾。这样的"小"问题不利于培养学生的数学思维能力和数学整体观，不利于提高学生的数学素养。

不走前人路！刘全祥老师在其导师的指导下，致力于以"大问题"为导向的课堂教学研究，力图通过这一课题的研究，关注课堂的重要数学内容和数学思想，明确课堂的核心目标，在合适的时机提出"大"问题，改变课堂教学单一线性的逻辑结构，生成一种更开放、更灵活、多线分层并进的新的教学结构。本书正是这一实验探索的结晶。全书共分四个章节：理论探索，把握教材，读懂学生，触摸课堂。四部分既各自独立，又一脉相承。具体地说，理论探索汇集了刘老师及其导师团队对大问题的一些理论思考；读懂学生、触摸课堂是刘老师这几年"大问题"实践过程中的一些心得体会；把握教材则体现了他一贯的教学主张，即用"大问题"引领教学，必将促使教师研究视野发生变化：由数学知识、方法、过程的简单堆砌与叠加转向提升课堂的学科素养与数学本质上来。

如果能从数学的本质出发，根据学生的已有数学活动经验和心理认知特点，关注课堂的学科素养，并把发挥数学的文化价值作为自己的自觉追求，那么哪怕他是一位普普通通的小学数学教师，哪怕他身处偏僻的深山或是边远地区，他都是一位大气的数学教师，一位真正的教学大师。

提大问题，做大气的数学教师 >>>

大问题就是一种大智慧，一种大格局！不过，正如前所言，大问题是一个全新的命题，目前还只是处于探索的起步阶段，有很多内涵本书尚未完全阐释。但是，正如有的学者指出，一种思想有没有魅力，一种实验有没有价值，恰恰就在于，如果能够反复阐释，如果能够有不同的人、从不同的维度反复阐释，如果有越来越多的人形成自己的一套对这种思想、对这个话题的个人的理解，这种思想就不是僵化的，不是标签式的，不是提出之日就是它消亡之时。不断阐释，不断参与，我们在不断深化对真理的认识的同时，思想之花也绽放得愈加绚烂。期待广大小学数学教师读完本书后会引发更多有益的思考，从而推动小学数学教研不断发展！

广东省教育研究院　吴有昌

2015 年 2 月

目录 CONTENTS

第一章　理论探索 …………………………………………………… 001
　　提大问题，做大气的数学教师 …………………………………… 003
　　一"问"能抵许多问 ……………………………………………… 007
　　研究"大问题"　构建"大空间" ………………………………… 014
　　例谈"大问题"设置的艺术 ……………………………………… 018
　　讲台让给学生后，教师应该做什么 …………………………… 022
　　简化教学头绪　强调内容综合 ………………………………… 027

第二章　把握教材 …………………………………………………… 033
　　教材解读要"三读" ……………………………………………… 035
　　对北师大版"分数混合运算（一）"教材编排的一点看法 …… 040
　　教材知识结构和学生认知结构不一致怎么办 ………………… 042
　　是学问而不仅仅是计算 ………………………………………… 044
　　在"复杂"与"简单"之间穿行 ………………………………… 047
　　不是料子　做出样子 …………………………………………… 050
　　给除法竖式"为啥这样写"一个合理的解释 …………………… 053
　　将文本解读为剧本 ……………………………………………… 056
　　方程就是讲故事 ………………………………………………… 058
　　给估算以支点 …………………………………………………… 062
　　让体积单位拥有度量的实际意义 ……………………………… 066
　　三角形高的生长点究竟在哪里 ………………………………… 070
　　在已有知识体系上认识分数 …………………………………… 071

立足阶段性　着眼统一性 …………………………………………… 076
数学教学也要尊重文本自身的价值导向 …………………………… 081
教学的高度实质是文本解读的高度 ………………………………… 084

第三章　读懂学生 …………………………………………………… 091

教育，从倾听开始 …………………………………………………… 093
课程，首先是儿童 …………………………………………………… 095
学生的估值为何偏小 ………………………………………………… 100
学生为何联想不到 …………………………………………………… 103
学生为何抽象不出 …………………………………………………… 105
学生为何坚持不久 …………………………………………………… 107
仅仅是因为迁移惹的祸？ …………………………………………… 108
老师，这咋不是一个三角形呢？ …………………………………… 111
是 $\frac{1}{2}$，不是 $\frac{1}{3}$ ……………………………………………………… 112
应对生成，从理解学生开始 ………………………………………… 115
不仅仅是学习方式的问题 …………………………………………… 117
都是"方便记忆"惹的祸 ……………………………………………… 120
教学，贴着学生的思维前行 ………………………………………… 121
寻找贴近儿童的思维通道 …………………………………………… 125
角度一变天地宽 ……………………………………………………… 126
学生为什么多次踏进同一条河流 …………………………………… 130

第四章　触摸课堂 …………………………………………………… 133

数学教学，我们迷失了什么 ………………………………………… 135
重构一个教学设计的目的是什么 …………………………………… 138
简单的技能背后隐藏着什么 ………………………………………… 142
情境，是"敲门砖"还是数学课程的"承重墙" …………………… 146
是画龙点睛，还是画蛇添足 ………………………………………… 148
怎样的错误才是应努力挖掘的资源 ………………………………… 152
对错之外，还有一片田野 …………………………………………… 154

让学生经历人类探索的关键步骤 …………………………… 156

教育,顺木之天以致其性 ………………………………… 157

学习,智力的冲刺与挑战 ………………………………… 163

学习,核心知识处的聚焦评品 …………………………… 168

教学,如何保障"先知先觉"学生的学习权 ……………… 171

欣慰过程,也要高兴结果 ………………………………… 175

是"数后教"还是"教后数" ……………………………… 181

推敲,追寻真实地对话 …………………………………… 185

从统计过程到数据分析观念 ……………………………… 191

让学生学自然的、可持续发展的数学 …………………… 198

后　记 ……………………………………………………………… 207

第一章
理论探索

  小学数学,从做题的意义上来讲,很简单;但是,从奠基的意义上来讲,却很不简单。仰望星空的人,看得到1+1=2中的函数思想,看得到试商等"笨办法"中"大智若愚"的一面,看得到如此初等的数学背后长长的思想隧道;有教育智慧的人,会把复杂的东西教得简单,会把简单的东西教得有厚度,会让人从一个概念、一个公式、一个算法中看到整个学科的魅力。——一句话,当教师的眼里有真正的数学,当课堂中有真正的儿童,数学教育就找到了那个撬动地球的支点。

提大问题,做大气的数学教师

有人说,数学的本质在于化繁为简,在于用简单明了的方式表征复杂的自然与社会现象,数学是一种美。教育教学之本质在于深入浅出,从纷繁复杂的事物中为学生揭示出简单的道理与规则,使学生感觉学习之美。而现实的状况,往往又使越来越多的教育者感到教育过程趋于复杂,使学习者感到学习过程苦不堪言。数学作为一门令许多人望而生畏的学科,在这一过程中似乎又在推波助澜。所以,在改革的进程中,人们在不断地呼唤教育本质的回归,追求使学生减负的规范。教育观念的改变、课程设计的变革、教学方式的更新,许许多多的尝试都在试图找到解决这些问题的途径。

一、以"大问题"为导向的课堂教学的提出

问题是数学的心脏!问题在数学活动中占据了特别重要的地位,人们常常把数学称为"解决问题的艺术"。"问题的缺乏预示着独立发展的衰亡或中止。"(希尔伯特语)可以这样说,对问题的高度重视是我国乃至是世界数学教学的一个重要传统。特别地,《全日制义务教育数学课程标准(修订稿)》颁布实施后,培养学生发现问题、提出问题、分析问题、解决问题的能力愈发受到广大教师的重视,并成为当下研究的热点。

然而,从国际视野来看,虽然培养学生发现问题、提出问题、分析问题、解决问题早就达成了共识,很多有识之士也做出了宝贵的尝试,如布鲁纳提出了"认识结论"理论、斯金纳提出了"程序教学理论"、布鲁姆提出了"教育目标分类教学"理论、戴尔提出了"经验之塔"理论、奥苏伯尔提出了"有意义学习"和"先行组织理论"、加涅提出了"内外结合"和"教学内容的分析与组织"理论、巴班斯基提出了"教学过程最优化"理论等;但是,这些尝试更多局限在理论的探索,真正落实到课堂教学实践层面的非常少,几乎没有。更多地,广大一线教师依然把研究的重点放在提问的技巧性上,在问题的指向性和精确性上下工夫,为了"牵引"而

"问",真正"为了不教"而"问"、"不问"而"问"的研究还很少。而且,由于缺乏整体的架构与布局,教师的着眼点更多局限在知识的分解上,因此呈现的问题依然是"花费较短时间的即时思考型问题"(广中平佑语)。即便在倡导以学生为主体的"以学定教""先教后学"理念引领下的课堂,问题繁、杂、小、碎的现象依然没有得到根本改变,"教"与"学"不相和谐,甚至严重脱离,一本教材、一支粉笔、一张嘴"一问到底"的现象依然普遍。学生是学习的工具,是盛装知识的容器的角色始终未从根本上得到转变!"这已成为数学教育的一种痼疾。"

为教之道在于导!为学之道在于悟!学会思考是送给学生的最好礼物!然而,"没有长期思考型训练的人,是不会深刻思考问题的……无论怎样训练即时性思考,也不会掌握智慧深度。"(广中平佑语)"数学是自己思考的产物,首先要能够自己思考起来,用自己的见解与别人的见解进行交换……但是思考数学问题需要很长时间……"(陈省身语)因此,中小学数学课堂必须改变目前课堂教学"满堂灌""满堂问"的教学模式,为学生提供充足的思考时间。

基于以上认识,我们提出了以"大问题"为导向的课堂教学研究,力图通过本课题的研究,关注课程的主要内容,全面达成课程教学目标,改变课堂教学单一线性的逻辑结构,生成一种更开放、更灵活、多线分层并进的新的教学结构。

二、以"大问题"为导向的课堂教学的内涵及其导读

所谓"大问题",是指根据特定学生的心理特点、学习经验以及学习困惑点,采用一定的教学策略,对课程关系、问题引导、学习方式等多方面进行系统处理,以求能够最大程度突破教学中的主要矛盾的质量高、外延大、问域宽、数量精并且挑战性强的问题。

大问题是课堂的"课眼",是文本的"文眼",是课堂教学的主线,它一般是学生的学习疑点,是教材的省略点,是知识的连接点,是数学思想的聚焦点,也是钻研教材的着力点。大问题关注学生的差异发展,指向学生的问题意识,便于全面落实"四基",能够改变传统课堂单一的线形逻辑结构,生成一种多线交融、分层并进的新的教学结构,具有思维的自由度和开放性,利于培养学生的数学思维,发展学生的数学语言。

"大问题"具有以下特点:1.它关注问题的"质",问题必须触及数学的本质。这个本质,不仅仅是知识,是技能,更是指基本思想与基本活动经验,有"意义之

水"在流淌。2.外延大。"大问题"具有一定的开放性或自由度,能够给学生的独立思考与主动探究留下充分的探究空间。3.问域宽。"大问题"要能照顾到不同层面的学生,能关注不同学生的差异发展。4.少而精。正如上文所说,大问题一般是学生学习的疑点,是教材的省略点,是知识的连接点,是数学思想的聚焦点,也是钻研教材的着力点。找准了"大问题",也就意味着教者抓住了课堂的"课眼",纲举目张。5.挑战性强。"大问题"有一定难度,但也在学生的最近发展区,学生跳一跳能摘到"果实"。6."大问题"还必须是"有繁殖力的",这可能是最重要的。"大问题"可供迁移,可供生长,一般以问题开始,但不一定以问题结束。"大问题"能够催生出大量的新问题,它就像一棵小苗,可以长成参天大树,还能结出累累硕果。曾经有人将这个特点描述为"非得要用十几个新问题才能解决一个老问题";大数学家希尔伯特的比喻则似乎更加中肯地说明了什么是好的数学问题:一只"会下金蛋的老母鸡"。

以"大问题"为导向的数学课堂教学应该有这样一些特质:课堂结构——清晰、明快、整体感强;教学素材——经济、高效、少而精练;时间控制——匀称、舒缓、恰到好处;活动展开——层层推进、环环相扣、要言不烦;教师上课——轻松、自如、胸怀全局;学生学习——愉快、主动、学有成效。

三、以"大问题"为导向的课堂教学结构流程

所谓"教学结构",是指在一定教育思想、教学理论、学习理论指导下的,在某种环境中展开的,由教师、学生、教材和教学媒体这四个要素相互联系、相互作用而形成的教学活动进程的稳定结构形式。"教学结构"直接反映出教师按照什么样的教育思想、理论来组织自己的教学活动进程,是教育思想、教学理论、学习理论的集中体现。以"大问题"为导向的小学数学课堂教学,由建立关系、提出问题、尝试探究、展示分享、共同概括、问题延伸六个阶段组成,形成"以问开始,以问结束"的课堂新结构。

第一,建立关系(建立教师与学生、学生与新学知识之间的关系);

第二,提出问题(多种方式下,师生共同提出并整理出大问题,整体呈现);

第三,尝试探究(学生依据已有的知识经验和课本内容,自主或合作学习);

第四,展示分享(充分利用黑板、实物展台、墙壁或其他空间展示学生的研究成果,在学生积极主动参与下分享,教师适时追问,引发深层次的对话和碰撞);

第五，共同概括（师生围绕"大问题"及"大问题"的解决过程，共同参与梳理和提炼，得出结论，并再次提出并解决问题）；

第六，问题延伸（通过学生与学生、学生与教师之间共同设疑、解答等多种形式，对知识进行巩固、深化和延伸）。

创建以"大问题"为导向的小学数学课堂，应从以下几方面实施。

1. 教学内容求"精"。教师对教材的解读必须独特而深刻，能够抓住重点，有机整合，前后连贯。选材可以少，但所选题材要有典型性和针对性，要精选素材，巧用素材，努力做到一"材"多用，一"材"多变，一"材"多效，使每一个材料在课堂上都能发挥最大的效益。

2. 教学环节求"简"。思路清晰，过程简洁，目标明确，扣紧"主线"。所谓"主线"，也就是教学的重点和主干脉络，它是课堂教学的"魂"。"主线"明确了，确定教学目标、安排教学环节、取舍教学内容、考虑教学进程、有效组织教学就有了目标，课堂教学的结构和层次就容易清晰起来。

3. 教学方法求"活"。要灵活应变，言简意赅，深入浅出。以"大问题"为导向的数学课堂追求的就是有效教学，要求教师要学会做减法，即围绕教学目标取舍、整合、提炼。这种减法，并不是简单地对教学素材、教学环节进行机械割舍，而是要合理去除那些多余的环节、无效的程序，正确理解和把握教材。

4. 学习掌握要落"实"。一堂课下来，要及时了解学生掌握的情况怎么样，通过有针对性的课堂练习来检测，根据反馈情况及时矫正，做到当堂知识当堂清。

一拎百顺，纲举目张！"优质的教育从来不肯迎合儿童当下的兴趣；优质的教育向来都是从适宜的高度引导学生。"用"大问题"引领教学，带来的不仅是课堂教学结构的变化，同时它必将促使教师研究视野发生变化：由数学知识、方法、过程的简单堆砌与叠加，转向提升课堂的学科素养与数学气质。而一位数学教师，如果能经常关注课堂的学科素养与数学气质，并把发挥数学的文化价值看成自己的一个自觉追求，从这样的高度认认真真地上好每一堂课，那么即使他是一位普普通通的小学数学教师，哪怕他现时身处偏僻的深山或是边远地区，他都是一位真正的大师，一位大气的数学教师。

一"问"能抵许多问

先看案例。

[例1] 百分数的认识(苏教版《数学》六年级上册)

初读课题后,教师让学生说说有什么问题。在此基础上,教师梳理出如下几个问题:

什么是百分数？百分数和分数有什么不同？有了分数,为什么还需要百分数？

很明显,上述几个问题涵盖了百分数的意义、特征、作用、适用范围,并力图沟通新旧知识之间的联系。课一开始,就有利于学生对整节课所要学的内容有一个全面架构和整体把握。

[例2] 圆柱体的表面积(苏教版《数学》六年级上册)

课前,教师让学生做了三件事:1.自己动手制作一个圆柱;2.写出制作的步骤;3.记录制作过程中的发现。课堂交流时,重点讨论两个问题:"在做的过程中有什么麻烦的地方？有啥改进的方法？"

表面看来,上面的问题和圆柱的表面积没什么关系,但实际上抓住了关键。学生制作圆柱的时候,一般是先做圆筒再做底面。但事实证明,这不是十来岁的孩子能轻松搞定的事:圆筒是空心的,稍一受力就容易变形,这样,绕着圆筒"描"圆就很麻烦;而且,沿着"描"出来的曲线剪圆也很麻烦,一不小心就把辛辛苦苦"描"出来的圆剪坏了！因此,要快速便捷地做好圆柱,最好的方法是先做底面再做圆筒。而这首先需要学生认识这样一个事实:"圆柱的侧面展开是一个长方形,长方形的长等于圆柱的底面周长,长方形的宽等于圆柱的高。"应该说,抓住了这一事实,就是抓住了课堂的"课眼",抓住了文本的"文眼",抓住了课堂教学的关键。一拎百顺,纲举目张！

[例3] 两位数乘一位数(北师大版《数学》三年级上册)

多媒体创设情境,抽象出"12×4＝？"这一问题后,课件呈现如下要求。

自学课本,思考讨论两个问题:

1. 如图1-1,用竖式计算加法的时候,加数4只要和2相加就可以了,为什么乘法竖式中4既要和2相乘,还要和1相乘呢(图1-2)?

2. 12×4的乘法竖式能否写成如图1-3的形式?

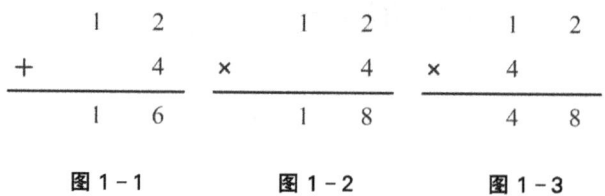

图1-1　　　　　图1-2　　　　　图1-3

这两个问题别具一格,涉及的内容广泛而深刻。学生每前进一步都需要花相当的时间与精力——学生只有深刻洞察了教材上提供的各种算法(图1-4)的内在联系,才能解释这两个问题。这样的教学问题,把学生引入到了两位数乘一位数算理的探索之中。

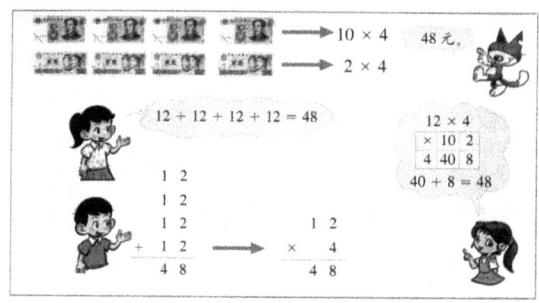

图1-4

[例4]　三角形的认识(北师大版《数学》四年级上册)

教师先让学生自学课本,并尝试画一个三角形,然后依次引导学生思考、讨论三组问题:

1. 你画的三角形和别人画的三角形一样吗?如果不一样,哪些地方不一样?如果一样,什么地方一样?

2. 每一个角有并且只有一个顶点。强调了三个角,为什么还要单独强调三角形有三个顶点?三角形的特征能不能不写三个顶点?

3. "三角形"这个名称强调的是角,为什么定义三角形时,是用它的边长来定义的呢?

从这三组问题的设置,我们能隐约感受到大问题教学别具一格的特点和魅力——用精、少、实、活的提问来激活课堂,创新教学,真正让学生成为课堂有序

第一章 理论探索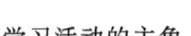

学习活动的主角。

以上四个案例，从内容来看，包括数与代数，空间几何，统计与概率；从教法上看，有先学后教和先教再学，并且涵盖计算课、概念课和几何课等课型。但是，不管是哪一种课型，所有的"提问""问题""话题"或"活动"，在课堂教学中都表现出共同的特点——牵一发而动全身；在课堂活动上也都表现出共同的特点——吸引学生进入到有一定思维深度的学习研究之中。

这种能够对教学内容"牵一发而动全身"的"问题""话题"或"活动"，就是我们所说的"大问题"。

或者说，"大问题"是引导学生对文本进行深入研究的重要问题、中心问题或关键问题。

还可以说，"大问题"是能从教学内容整体的角度或学生整体参与的角度引发思考、谈论、理解、品味、探究的重要问题。

一

如果从学生活动的角度看，"大问题"在教学中表现出这样一些明显的特点：

在知识理解方面，具有吸引学生深度研究的主导力；

在过程方面，具有支撑一个教学板块的扩张力；

在课堂活动方面，具有让师生共同参与、广泛交流的凝聚力；

在教学节奏方面，具有让学生安静下来思考，形成动静有致的课堂教学氛围的调节力。

以例 3 为例。这两个问题看似随意，实质却互为铺垫、层层递进，直指新知的核心和关键。具体地说，12×4＝18，部分学生仅凭直觉就可断定不对。因为"10 乘 4 等于 40,12 比 10 大,12×4 乘得的积当然要比 10×4 得到的乘积大，也就是比 40 大。因此，12×4 的得数怎么可能只有 18 呢？"但是，"12×4 要比 40 大"，毕竟只是部分学生的一种直觉，对于数感较弱的后进生来说，从"10×4"想到"12×4"，进而想到"12×4"的结果要比 40 大，这个联想过程有些复杂。最关键的是，具体形象思维占优势、逻辑思维刚刚起步的三年级学生由于受加、减法运算的影响，这种蒙胧的直感是很难廓清他心中所有的疑惑：是啊！加、减法计算的时候教师明明强调只有相同数位的数才能相加减，可是乘法竖式计算,4 为什么既要和个位上的 2 相乘，还要和十位上的 1 相乘呢？难道仅仅是因为得数不对吗？

在看似寻常处提问，在无声处起惊雷！惊奇之余，所有学生尤其是"先知先觉"的学生感受到了智力上的冲击与挑战:新知和以往的规定不一致?12×4=18一定是错了,但并非全没道理,怎样才能深入浅出地解释呢?

一个有张力的数学课堂必然最大限度地接近儿童的真实思维,使其得以展示和完善。直面儿童的多样性,关注、保护儿童的困惑与沉默,某种程度上,就找到了课堂教学的立足点,同时也找到了促使每一位儿童深入学习的关键。"同学们认真看书,看书上能不能给我们一些启发。"教师以石击水,适时点拨。果然,在教师的引导下,有学优生洞察到问题的关键:"12×4写成加法算式是

$$\begin{array}{r} 1\ 2\\ 1\ 2\\ 1\ 2\\ +\ 1\ 2\\ \hline 4\ 8 \end{array}$$

个位上有4个2,十位上有4个1,所以用乘法竖式计算的时候,4不仅要和个位上的2相乘,也要和十位上的1相乘。"而这,也附带地解决了第二个问题。

众所周知,两位数乘一位数,其核心和关键是让学生明白:一位数的乘数,不仅要和两位数乘数的个位数字相乘,同时也要和两位数乘数的十位数字相乘。但是,正如上文所说,由于受加、减法运算"相同数位才能直接相加减"这一知识的影响,部分学生"只把一位数和两位数的个位数字相乘,而把十位数字照搬"。由此可见,扣住了如图1-2这一竖式,就扣住了知识的节点,扣住了学生学习的疑点,同时也扣住了学生"同化"和"顺应"的关键。而学生在对12×4之所以不能列成图1-2这一竖式的质疑中,也深刻地洞察了两位数乘一位数算理的本质。顺带地,有了"12×4中的4既表示个位数字上的4个2相加,也表示十位上的4个1相加"这一算理作基础,学生也就能够理解,12×4写成竖式,4既可以写在2的下面,也可以写在1的下面。博观约取,厚积薄发,有了前面知识的铺垫与孕伏,在一位数乘整十、整百的数的时候,当出现下面如图1-5右边(注:此题是北师大版《数学》三年级上册第34页的例题)的竖式,学生接受起来也不至于感到那么突兀。

(1) 130 × 5 = _____

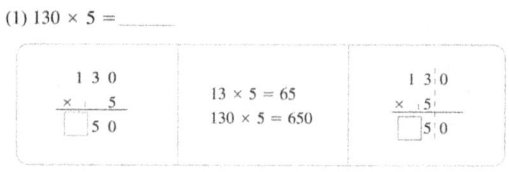

图 1-5

第一章 理论探索

从上面的分析中,我们可以明显地感到,"大问题"是立意高远而又切实的课堂教学问题,在教学中具有"一'问'能抵许多问"的艺术效果,表现出"妙在这一问"的新颖创意。

所以,"大问题"的设计是对数学教学中提问设计的一种创新。对于课堂教学中成串的"连问"、简单易答的"碎问"以及对学生随意的"追问"而言,"大问题"设计更为重要的意义在于学生数学素养的濡染和培养上。学生离开课堂很多年后,可能很多具体的知识点都已经遗忘了,但这种"联系起来思考问题的方法和深刻思考问题的习惯",学生终身不会遗忘。

二

"大问题"的研究,从浅层次看,是课堂提问研究;往深层次讲,是一种结构策略研究。这种研究的着眼点与着力点是:在课堂教学中,用尽可能少的关键性提问或问题,引发学生对所授内容更集中、更深入的研究探讨。

从教师教学的角度而言,可以这样概括"大问题"的特点、功能与作用。

1."大问题"是经过概括、提炼的,"大问题"教学对教师把握教材的水平和课堂对话的能力提出了很高的要求,"大问题"的广泛运用将从大面积上提高数学教师钻研教材、研读文本的水平。

2."大问题"有利于课堂上"大量的数学实践活动"的开展,有利于"简化教学头绪,强调内容综合"。"大问题"的提出,是"预设";由大问题而形成的课堂活动,是"生成"。

3.由几个"大问题"组织起来的课堂教学活动呈"板块式"结构,每一个"大问题"在教学过程中都能产生相当时间长度的课堂学习与交流活动,几个"大问题"层层深入,从不同的角度深化着内容的学习。

4.由于"大问题"往往呈"话题"的形式,因此课堂教学中师生的交流活动一般不是表现于细碎的"答问",而是表现于师生之间的"对话"。这将从大面积上改变数学教师的课堂提问习惯,带来流畅扎实、效率较高的课堂教学。

以"三角形的认识"教学为例。

思维自惊疑开始!"你画的三角形和别人画的三角形一样吗?"刚开始,所有的学生都信誓旦旦地认定自己画的三角形和别人画的不一样!"那有没有地方一样呢?"教师反向引导。慢慢地,有学生顿悟,无论是哪一个同学画的三角形,无论所画的三角形的大小、形状相差多大,但这些三角形始终有一些共同的东西,比如,所有的三角形都有三条边,都有三个角,都有三个顶点……三角形的特征呼之即出!

三角形有三条边,三个角,三个顶点;每一个角有且只有一个顶点。那么,强调了三个角,实际上也就强调了三角形有三个顶点。既然如此,三角形的特征能不能不写三个顶点呢?在看似无问题处提问题,在无声处起惊雷!在惊诧中,学生感悟到"三角形有三个角"这一特征虽然确实包含了"三角形有三个顶点"的特征,但"三角形有三个顶点"这一特征不能省略。这是出于知识体系的需要。因为在三角形的知识体系中,三角形的高是个重要的概念。所谓三角形的高,是指从三角形的顶点到对边的垂线。可见,要研究三角形的高,就必须首先认识三角形的顶点。对三角形顶点的强调某种程度上也彰显了三角形高的重要性。

"三角形"这个名称强调的是角,为什么定义三角形时,是用它的边长来定义的呢?通过举例(图1-6),学生认识到很多"由三个角组成的图形"不是三角形,而"三条边首尾相接围成的图形"就一定是三角形。

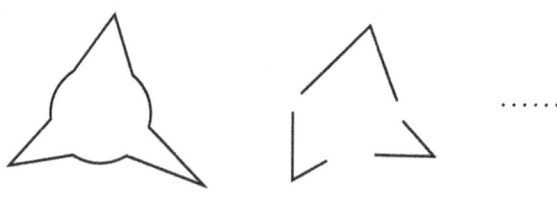

图1-6

既竭我才,欲罢不能!上述教学中,教师只是设置了三个板块,呈现了三个话题,没有人为提升知识的难度,但学生普遍感受到智力的冲刺与挑战。究其原因,教师高屋建瓴,整合知识,到位而不越位,满足了学生内心深处发现者、研究者、探索者的心理需求。同时,也从一个侧面让我们看到了走出当前数学课堂"吃力不讨好局面"的途径:创设大问题,提炼大环节,构建大空间,让学生在自主的学习中形成基于自己理解的,开放、多元的探索未知的学习意识。

三

整体架构、多元理解、精细思考、充分活动。但"大问题"的课堂教学,魅力不只于此,它还有更令人感兴趣的地方。

请看下面"3的倍数的特征"的教学设计。

教师在分析学情,整体解读文本的基础上,设计了3个活动。

第一章 理论探索

活动1:用4颗算珠拨数

1. 同桌合作:用4颗算珠拨数,一人负责拨珠,一人负责判断拨出来的数是不是3的倍数(可以借助计算器)。

2. 时间为2分钟,看哪一个小组拨出来的数多。

3. 填写实验报告单(一)。

实验报告单(一)

颗数	拨出来的数	
	3的倍数有	不是3的倍数的有
4颗		

活动2:任选一颗算珠拨数

1. 任意选择一个颗数。

2. 用你选择的那个颗数拨数。

3. 分工合作,完成实验报告单(二)。

实验报告单(二)

颗数	拨出来的数	
	3的倍数有	不是3的倍数的有

我们的结论是_____

活动3:自由报(拨)数,验证规律

1. 一个同学报数,计算自己报的数的数字和,判断是不是3的倍数。

2. 另一个同学用计算器验证同桌的判断。

3. 如果你找到一个数,它的数字和是3的倍数,但这个数却不是3的倍数;或者它的数字和不是3的倍数,但这个数却是3的倍数,请把它记下来。

这样的环节设计,其实都是学生活动的设计,都是学生自主探究的训练设计,都是教师与学生的课堂对话活动设计,数学教学中一般常用的、惯用的提问手段在这里悄然淡化了身影,而代之以课中小小专题的探究,代之以课堂交流与师生对话,从而产生一种全新的课型——无提问设计课型。

这正是"生命化教育，大问题教学"所主张的：不把研究的重点放在提问的技巧性上，不在问题的指向性和精确性上下工夫，不是为了"牵引"而"问"。对提问设计的研究，最神秘、最有趣的是研究不提问。

四

开展"大问题"设计研究，教师除了要有科学求实的教学理念，还需要进行深入扎实的教材研读。

一位教师，如果没有极具耐心、认真细致、方法多样、别出心裁的文本研读，可能就没有深入高效的课堂实践，没有优美独到的提问设计。从这个层面来讲，我们可以说：提问的技术，是一名教师的核心技术之一；而教材的研读，则是教师需要磨炼的第一功夫。

正如孙绍振先生在他的《名作细读——微观分析个案研究》中所说的那样："不管在中学还是大学课堂上，经典文本的微观解读都是难点，也是弱点。……要解决这些微观的问题，不但要有深厚的宏观学养，而且要有具体问题具体分析的功夫，这种功夫，不是一般的，而是过硬的功夫。而这种过硬功夫的特点，就是于细微处见精神，越是细微，越是尖端，越是有学术水平。"

孙绍振先生这段话是说给语文教师听的，但对于每一位数学教师，同样具有启发意义。每一位小学数学教师，都应该在提问设计的研究之中，同步提高自己精细研读教材的水平。

研究"大问题" 构建"大空间"

一个人只有把树林看作一个统一的整体时，他才能对每一棵树形成较完整的表象。没有看见过河，就不会懂得一滴水。著名教育家苏霍姆林斯基指出："应当这样来安排教学过程，使得高年级学生已经能从整体上分析完整的课题，去思考一些较重大的带探索性的问题。"这个"重大的""整体的""带有探索性的"问题，就是我们所说的"大问题"。那么，大问题从哪里来？如何提炼大问题？下面，结合"圆柱体的表面积"（苏教版《数学》六年级下册）的教学，谈谈我们在这方面的初步尝试。

（课前，教师让学生做了三件事：1. 自己动手制作一个圆柱；2. 写出制作的步骤；3. 记录制作过程中的发现）

师：昨天我们布置了三件事，哪三件事？

（生答略）

师：我们一件一件来讨论。首先请同学们把自己做的圆柱扬一扬，小组内的同学互相看一看，交流一下你是怎么做的，做的过程中有什么发现。

（生交流）

师：谁来说说你是怎么做圆柱的？

生：我准备了三张纸、圆规和剪刀。我先把其中一张长方形的纸卷出圆筒形，然后把这个圆筒竖起来，压在另外两张纸上，用铅笔绕着圆筒侧面画出两个圆，最后把这两个圆剪下来，粘一粘就做成了圆柱。

师：是这样做的吗？看来，这样做的人还真不少。有没有补充的？

生：我有一点补充。因为圆筒是空心的，一压很容易变形，所以画的圆也容易变形。而且，剪起来也麻烦！一不小心就把刚才画出来的圆剪坏了！

师：有没有这样的感觉？（很多学生点头）有没有改进的方法能够避免刚才讲的这些麻烦？

（生犹豫）

师：没有人是全知全会的，谁都会有知识盲点，没关系的，说吧？

生：要是让我再制作一次，我不会这样。我会先剪两个圆，折出圆的直径，算出它的周长，再用这个周长作长方形的一条边，用任意长度作长方形的另外一条边。这样不仅方便，而且可以做出底面固定但高不相等的任意圆柱体。

师：这个同学刚才讲了一个有意思的想法。我们都是先做圆筒，再做底面。他怎样？刚好相反，是不是？他先做底面，再做……

生：圆筒。

师：这样做有什么好处？

生：这样做免去了描圆，可以直接用圆规画圆。然后用圆的周长公式算出圆的周长，把这个周长当作长方形的长来挑选纸就够了。

师：这样是不是很简便？（生点头）这是一个重要的发现，还有没有其他的发现？

生：老师，我还有一个发现，我来解释一下为什么刚才同学们展示的圆柱都是瘦瘦高高的,身材都那么好。其实,这是因为很多同学做圆柱时,不是用长方形的宽作为高,而是用长方形的长作为高,这时宽的长度才应该是底面周长。因此,我并不赞成书上说的,圆柱侧面展开是一个长方形,长相当于底面周长,宽相当于圆柱的高。我觉得正确的说法应该是,圆柱侧面展开是一个长方形,长方形的长和宽中的某一条边相当于圆柱的底面周长,另一条边相当于圆柱的高。

(班上响起热烈的掌声)

看完上述案例,任何人都会情不自禁地为学生的创新意识和聪慧睿智所震撼!而学生之所以有这样的表现,关键在于教师从"繁、杂、小、碎"的课堂提问中跳出来,提供大问题,构建大空间,让学生的灵性和智慧有了挥洒的场所。品味上述案例,我们有以下启示。

1. "大问题"的厘定有赖于教师对教材的宏观把握和精心解读,但"大问题"可以而且应该源于学生提出的雏形问题。

"大问题"的厘定需要教师对教材有整体的把握与宏观的解读。但是,依赖于教师对教材的整体把握和宏观解读,并不是说"大问题"的抛出是教师的责任。相反,我们认为,"大问题"可以而且应该来自于学生提出的雏形问题。这样说主要是基于两个方面的思考:一是学生自身的问题,学生更感兴趣;二是学问学问,关键在"问"。"大问题"的一个核心追求是让学生不教而自会学,不提而自会问。而要做到这一点,一个很关键的因素就是教师必须让学生感到问题的提出是自然的,而不是神秘的;是有迹可循的,而不是无章可依的。应该说,上述案例在这方面进行了很好的尝试。

众所周知,求圆柱的表面积,关键是要算出圆柱的侧面积;而圆柱侧面积的一个核心知识点是学生必须知晓"圆柱的侧面展开是一个长方形,长方形的长等于圆柱的底面周长,长方形的宽等于圆柱的高"。课一开始,教师让学生交流圆柱制作的步骤,并汇报圆柱制作过程中的发现。乍一看,这一活动平淡无奇,但仔细琢磨,却很值得回味:学生在选材的过程中,或者说在"还原"圆柱的过程中,自然会发现圆柱侧面是由长方形(正方形是特殊的长方形)纸张卷曲而成的。这样,求"圆柱的侧面积"实际上可转化成求"展开的长方形的面积"。同时,在制作的过程中,不少学生切实感受到先做圆筒后做底面的"麻烦":圆筒是空心的,稍一受力就容易变形,给绕着圆筒"描"圆增添了麻烦;而且,沿着"描"出来的曲线剪"圆"也很麻烦,一不小心就把辛辛苦苦"描"出来的圆剪坏了,于是一切又得推倒重来!"在做的过程中有什么麻烦的地方?""有没有改进的方法?"这两个问题与其说是教师抛出的,不如说是学生制作过程中自然生成的。教师投石击水,顺水推舟。这样,不仅将研究的目光聚焦到改进的方法上,更关键地,在这样的聚焦中,学生潜移默化地感受到了原来"圆柱体的表面积"一课要研究的问题就是自己制作过程中遇到的问题,就是自己一再苦恼的问题。

学习即研究,问题即课题。久而久之,"大问题"追求的"不教而学生自会学,不提而学生自会问"的能力自然萌发、生长。

2."大问题"为学生的自主学习和创新发展构建了大的研究空间,但构建了大的研究空间并不一定意味着教学就走向了开放。走向教学开放,最关键的是师生互动的质量。

海阔凭鱼跃,天高任鸟飞!"大问题"将师生从旧有的"规行矩步、亦步亦趋"的教学节奏中解脱出来,为师生的自主学习和个性发展创建了空间。上述案例中,师生实际上就围绕两个问题"在做的过程中有什么麻烦的地方?有啥改进的方法",搭建了一个平台:全班合作与分享;作了一些铺垫;制作一个圆柱,写出制作的步骤,并记录制作过程中的发现。但是,带来的却是学生灵感的勃发和创新意识的喷涌:"其实,这是因为很多同学做圆柱时,不是用长方形的宽作为高,而是用长方形的长作为高,这时宽的长度才应该是底面周长。因此,我并不赞成书上说的,圆柱侧面展开是一个长方形,长相当于底面周长,宽相当于圆柱的高。我觉得正确的说法应该是,圆柱侧面展开是一个长方形,长方形的长和宽中的某一条边相当于圆柱的底面周长。"

"水之积也不厚,则其负大舟也无力……风之积也不厚,则其负大翼也无力"。正如前文所说,"大问题"为师生个性发挥与智慧挥洒提供了广阔的空间。但是,必须指出的是,提供了广阔的空间并不意味着教学一定走向开放。走向教学开放,最关键的是师生互动的质量。具体到上述案例,"自己动手制作一个圆柱,写出制作的步骤,记录制作过程中的发现",教师为学生搭建脚手架后,面对学生的交流,教师或开解"没有人是全知全会的,谁都会有知识盲点,没关系的,说吧",或重复"这个同学刚才讲了一个有意思的想法。我们都是先做圆筒,再做底面。他怎样?刚好相反,是不是?他先做底面,再做……",或强化"这样是不是很简便?这是一个重要的发现,还有没有其他的发现",或迁移"有没有这样的感觉?有没有改进的方法能够避免刚才讲的这些麻烦"……因此,课堂虽然仍是对话,但由于教师听得仔细,"插"得巧妙,课堂交流的过程实质是以学生为主导的过程,是学生和自己的"经历"相约和悟对的过程。这种相约、悟对不是简单的告诉和单向的灌输,而是师生基于意义的对话和分享。

例谈"大问题"设置的艺术

问题是数学的心脏！义务教育阶段的数学课程要着眼于学生整体素质的提高,促进学生全面、持续、和谐发展。但是,小步子、密节奏、整齐划一的课堂教学提问,严重压缩了学生的发展空间,在不断强化教师主导地位的同时,从根本上失去了对学生的生命存在及其发展的整体关怀。为了走出以上困局,我们确立了以"大问题"为导向的小学数学课堂教学实践研究,试图通过两到三个覆盖全局、直指本质、涵盖重难点的大问题,帮助学生搭建学习支架,构筑发展平台,提供发展空间。

一般来说,教师可以从以下几个方面提炼"大问题"。

1. 学生学习的疑点

疑者,觉悟之机也！疑点常常是思维的触发点、教学的引爆点。抓住了疑点,通常就抓住了学生的兴奋点。

［例1］ 倒数的认识(人教版《数学》五年级下册)

上课伊始,教师出示写有"倒数"两字的字板(图1-7)。不出意料,学生议论纷纷:"老师,挂反了！挂反了！""老师,应该倒过来！"在学生的议论声中,教师顺水推舟,将"倒数"两个字倒过来(图1-8),并顺势问:"今天我们就来研究倒数。看到'倒数'两个字,你有什么想问的？"

图1-7　　　　图1-8

"倒数是不是把一个数倒过来？""倒数是数吗？""倒数和原来的数有什么关系？""怎样求一个数的倒数？""求倒数有什么用？""整数和小数怎样倒过来？"

很明显,上述几个问题涵盖了倒数的意义、特征、作用、适用范围,并力图沟通新旧知识之间的联系。课一开始,就有利于学生对整节课所要学的内容有一个全面架构和整体把握。

2. 教学的重、难点

在教学的重、难点处提炼生成"大问题",有利于将课堂有限的时间聚焦在教学的主要方面,响鼓重锤,毕其功于一役!

[例2] 找规律(苏教版《数学》五年级上册)

教师普遍的处理策略是将教材主题图(图1-9)制成PPT,上课直接播放,让学生观察寻找规律。显然,这种平铺直叙的导入很难真正吸引学生,更难让所有学生真正参与到学习进程中。

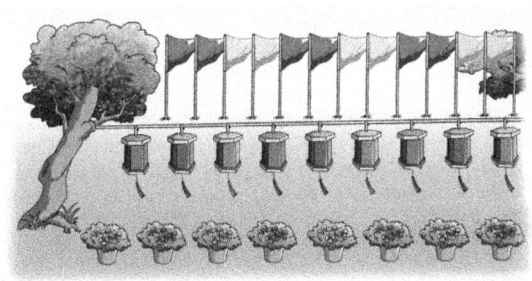

图 1-9

有鉴于此,一位教师创设了一个游戏的主情境:屏幕上出示如图1-9所示的教材主题图,学生用10秒的时间观察这幅图,凭记忆"记"下图中所有物体颜色变化的情况,然后给空白的旗、灯笼、花涂色。

智慧课堂不仅应该是好玩的,同时也应该有意义之水在流淌。审视上述环节,它不仅创设了游戏的学习场景,更关键的是,它为学生感知、领悟教学重、难点作了必要的铺垫与孕伏!众所周知,本节课研究的是"周期问题",重复、组(或者叫周期)、不同组的同一位置属性相同是周期问题的三个核心知识点。这三个核心知识点都在学生的涂色方法中得到了体现。正如案例中呈现的,学生涂色主要有三种方法:以彩旗为例,① 按照两面黄旗、两面红旗,接着两面黄旗、两面红旗……的规律涂下去;② 从第一面红旗开始,两面红旗、两面黄旗看作一组,一组一组地重复涂;③ 先涂两面红旗,空两格,再涂两面红旗,再空两格……这样把红旗涂完,再涂蓝旗。应该说,这三种方法恰好对应了上面提到的三个知识点。具体地说,方法①对应的是"重复";方法②涉及了"组";而方法③则隐含了"不同组的同一位置属性相同"这一最关键的知识点。教师对这三种方法,或重复"听懂这位同学的意思没有?这位同学说彩旗从第一个开始,每4个都相同,怎么就每4个都相同呢",或引申"花盆和灯笼呢",或追问"什么叫更好记?解释解释",或梳理"好,请坐!我们梳理一下。这位同学刚才说了两点……"这样,不仅使学生的独特想法被放大、凸显,更重要的是,有了这些感性方法的支撑,"重复""组(或者叫周期)""不同组的同一位置属性相同"这些知识就不再抽象、呆板,反而具体、形象、亲切——它是学生自身经历的一种反馈,是学生快速涂色需要的再现。生活经验和教学重、难点自然地实现了沟通。

3. 知识的连接点

知识连接点常常是教材的省略点,知识的节点,学生思维的断点。在这些地方提炼、生成"大问题",有利于沟通知识的内在联系,生成良好的知识结构。

[例3] 小数乘整数(北师大版《数学》三年级下册)

"每千克西瓜0.8元,买3千克西瓜要多少元?怎样计算?"教师在创设情境,抽象出算式后,抛出下面一个问题:小数加减法是相同数位对齐,整数乘法也是相同数位对齐。可是,到了小数乘法,课本上0.8×3用竖式计算是写成图1-10那样,而不写成图1-11这样。这是随意规定,还是有内在的道理?

$$
\begin{array}{r} 0.8 \\ \times3 \\ \hline 2.4 \end{array}
\qquad
\begin{array}{r} 0.8 \\ \times3 \\ \hline 2.4 \end{array}
\qquad
\begin{array}{r} 0.8 \\ 0.8 \\ +\;0.8 \\ \hline 2.4 \end{array}
$$

  图1-10   图1-11   图1-12

一线串珠,一拎百顺!上面这个问题看似普通,却直指算理:0.8×3列成加法竖式如图1-12所示,可以明显地看出,0.8×3的3既表示十分位上的3个8相加,也表示个位上的3个0相加;也就是说,因数3既指向十分位上的8,也指向个位上的0。既然它指向第一个因数所有的数字,那么3不必刻意和某一个数位对齐。只不过和末位对齐最整齐、最方便、最简洁,因此小数乘整数末尾对齐就成了大家的一种约定俗成。

施教之功,贵在引路,妙在开窍!在自主探索中,学生不仅理解了算理,同时也沟通了教材上提供的各种算法之间的联系。

4. 数学思想的聚焦点

毋庸否认,与旧教材相比,新教材在密切联系学生生活的同时,的确删除了一些"繁、难、偏、旧"的内容。因此,与旧教材相比,新教材确实在某些方面显得"浅"些,"显"些。但教学内容的"浅""显",并不意味着教师教学任务的减轻;恰

第一章 理论探索

恰相反,它意味着教师教学难度的增强,即如何把学生认为十分简单,并已很好掌握的东西变得深刻起来,就成为教师不容回避的职责。显然,相比于此前,这具有更大的挑战性,需要教师有更大的匠心和慧心。

[例4] 数一数(人教版《数学》一年级上册)

数数,学生认为非常简单:这有什么好学的,我们在幼稚园或学前班早就学过了,我们早就会读会写了。是啊,教学目标如果仅仅定位在让学生数一数课本主题图中各实物的数量,那么学生绝对不会感兴趣。这就需要教师另辟蹊径。当然,蹊径是有的。只要认真观察、分析学生的数数,我们就会发现学生"唱数""念数"现象非常严重。为什么会出现这种情况?究其原因,刚入学的小学生虽然认识了10以内的数的形(有的达到了20),有的甚至会读、写10以内的数,但是他们的认识只是浮于表面,并没有深入到数数的实质———一一对应。因此,在比较简单的问题情境中,他们可能能够正确、流利地数出10以内的数,但如果环境稍微复杂,可能就会感到手足无措了。这显然可以成为教学的一个很好的突破口。一位教师就是这样做的。

上课伊始,教师询问学生:"你们会数数吗?""会!"学生信心满满。"好,在你们的课桌下都有一个足球,你们能数出这个足球一共用了多少张白色的皮子吗?"这还不简单,学生马上投入了"战斗"。不一会儿,结果出来了:"5张""8张"……同学们傻眼了:怎么结果不尽相同?"数的过程中,你们感觉有没有什么特别麻烦的地方?"教师适时启发。"老师,我数的时候,数着数着就数重复了?""老师,我数的时候数着数着就不知道这一张皮子我究竟数了没有?"……"那么,有没有好办法解决你们所说的这些困难?"一语惊醒梦中人,学生恍然大悟:数一张白色皮子就在这张白色皮子上做上记号,这样就能做到既不重复又不遗漏了。"既不重复,又不遗漏",这里,虽然学生没有明言"一一对应",但"一一对应"的思想早就深深地镌刻在学生的头脑里了。

反思上述教学之所以能教得深刻,就是因为教师在学生习以为常处发现学生认识上的误区、盲区,对症下药,挑起学生的认知冲突,使学生在"不屑—惊疑—愤悱—豁然"等情感的跌宕起伏中深刻领悟了"一一对应"的数学思想。"小内容"教出了"大境界"!

讲台让给学生后，教师应该做什么

苏霍姆林斯基说，"没有自我教育就没有真正的教育""教会学生自己教育自己，这是一种最高级的技巧和艺术"。无独有偶，"大问题"教学倡导把课堂还给学生，把讲台让给学生。学生能讲的，尽量让学生先讲；学生能自己探究的，放手让学生自己探究。学生教学生，极大地弘扬了学生的主体性。但是，学生主体地位的落实，是否意味着教师主导地位的旁落？讲台让给了学生，教师还能做什么？应该做些什么？我认为，教师至少应该做好下面三个方面的工作。

倾听接纳

"大问题"往往成"话题"形式。"大问题"的提出，是"预设"；由"大问题"而形成的课堂活动，是"生成"。所以，课堂教学中师生的交流活动一般不是细碎的"答问"，而是表现为师生之间的"对话"。与传统课堂相比，"大问题"更开放、更灵活、更自主，课堂也面临更多的可能性。但是，具有更多可能性并不意味着教师脚踩西瓜皮——讲到哪滑到哪。相反，"大问题"教学的有效推进，需要教师认真地倾听、宽容地接纳、理智地筛选，在与学生的对话中捕捉有价值的、稍纵即逝的生成资源，以学定教，按需施教，从而主导话题方向，实现对学习内容和课堂价值的必要引导。

在这方面，特级教师黄爱华给我们做了很好的示范。在执教"百分数的认识"时，在师生共同感受百分数在生活中的广泛运用之后，黄老师问学生："你也能像老师这样提出咱们今天学百分数的时候应该研究的问题吗？"学生提出了七个问题：(1) 百分数和分数有什么区别？(2) 百分数的意义是什么？(3) 百分数是干什么的？(4) 百分数给生活提供了什么好处？(5) 百分数有什么用途？(6) 分数用得多还是百分数用得多？(7) 百分数是怎么写的？

面对这七个问题，黄老师没有简单地肯定或否定，而是在认真倾听的基础上，或认同"这个问题问得好"，或转化"有什么意义？什么叫百分数？很好"，或梳理"百分数是干什么的？啊！什么叫百分数是干什么的？谁听懂了他说的是什么意思"……进而,在此基础上筛选出了与本课时教学目标息息相关的四个问题:(1) 为什么喜欢用百分数?(2) 百分数在什么情况下用?(3) 百分数是什么意思?(4) 百分数和分数比较有什么不同?

应该说,这四个问题基本上涵盖了建立一个新概念所必需的元素。具体地说,"为什么喜欢用百分数"实际上是在告诉学生这是在研究百分数的必要性;"百分数在什么情况下使用"是在研究百分数的使用范围;"百分数是什么意思"研究百分数的本质含义,也是本节课应该抽象出来的一个重要的数学概念,是在学生经历了具体认识后的一个提升;"百分数和分数比较有什么不同"是学生认识百分数的意义过程中很自然产生的一个疑问,而且它的解决必然进一步促使学生理清对百分数的意义的理解。所以,这四个问题的研究与解读,足以让学生对百分数有一个初步的认识和了解。

认真地倾听、宽容地接纳、理智地筛选,既满足学生的个性需求,又关注学生的群体状况。这样,讲台虽然让给了学生,课堂因此多了很多意外的风景,但课堂教学的基本任务却得到了落实。

例 题 巧 讲

相信学生能说清楚,把讲台交给他;离发言学生远一点,不要总插嘴;回应发言要慢一点,不越位才到位。这是我们总结的把讲台让给学生的三条原则。但是,把讲台让给学生,不越位并不意味着"退位";相反,教师愈发要树立例题意识、精讲意识,该讲时就要讲。下面这个案例很好地体现了这一点。

[案例] 尾巴重新接回的奥秘——公倍数和最小公倍数

如图1-13,教师提供一些学具,学生自由玩尾巴重新接回的游戏。

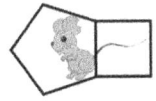 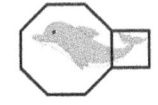 

图 1-13

玩法如下(图1-14):

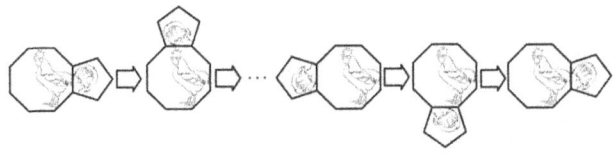

图 1-14

教师将学生整理的一些数据投影到屏幕上。

图1的边数	图2的边数	首次接回转动次数	二次接回转动次数	三次接回转动次数	……
8	5	40	80	120	……
8	4	8	16	24	……
5	4	20	40	60	……

师：尾巴重新接回的奥秘是什么呢？重新接回的次数与图形的什么有关？又会有怎样的关系呢？相信有一些小组已经获得了答案。来，哪一个小组先来汇报？

生1：我们小组发现，两个图形边数相乘就能得到其中一个重新接回的数字。

其他学生略有迟疑。

师：我有些不明白。这样，你能不能到这里来，举个例子，结合黑板上的数据再说说你们的发现？可能大家会听得更明白。

生1：（走到黑板前，指着数据）呃，比如说4和5两个，它们相乘是20，它是一个能保证尾巴重新接回的数字。5和8相乘是40，40也出现在重新接回的数中。4和8相乘是32，32在……

教师根据学生的举例，将学生指定的数用彩色粉笔圈起来。

师：这是他们小组的发现，你们对他们的发现有什么看法吗？（没有学生举手）一点点都没有？（有两个学生缓缓举手）有同学有看法了，你说！

生2：我觉得这样虽然可以找到一个重新接回的数，但是不能找全，而且不一定能保证找到的是第一个。

师：你能不能像他那样也举例子来说明你的观点？

生2：比如说，图1的边数是8，图2的边数是4，它们相乘的积32是第4次重新接回的数据！

师：哦！我听明白了。虽然两个图形的边数乘起来能够得到其中一个重新接回的数，但是——

生2：不能得全！而且有时候第一次重新接回的数也得不出来。

师：你们听得明白吗？虽然乘起来能够得到其中一些重新接回的数，但是还有一些，它们并不是两个数的乘积，也重新接回了。你们对他们小组的发现怎

第一章 理论探索

评价?

生2:他们的发现是对的,但是不完整。

师:(问生1)你们能接受吗?(生1点点头)好的!谢谢!但是她能够勇敢、大胆地第一个上台向所有的同学及老师汇报,我觉得这一点值得我们给他们热烈的掌声!(全场掌声响起,生1带着满意的笑容回座位)

师:接下来我请——(用目光扫视学生)好!你们小组也来汇报!

生3:我们小组发现,重新接尾的次数既是图1边数的倍数,又是图2边数的倍数。

师:你能不能也像刚才那位同学一样,结合黑板上的数据来说明?

生3:(走到黑板前,指着数据)比如说,8、16、24都是尾巴重新接回的次数,8既是8的倍数又是4的倍数,16是8的倍数,也是4的倍数,24是8的倍数和4的倍数。

师:其他组数据呢?

生3:也是一样的,40是8的倍数也是5的倍数,80是8的倍数也是5的倍数,120是8的倍数也是5的倍数。

……

上面这个案例,教师完全放手,但学生学得一点都不糊涂。究其原因,主要是因为教师心中始终秉持例题意识。针对学生的三次发言,教师敏锐地发现学生"一带而过"的弊端,主动三次跟进:"你能不能到这里来,举个例子,结合黑板上的数据再说说你们的发现?可能大家会听得更明白。""你能不能像他那样也举个例子?举例子来说明你的观点。""你能不能也像刚才那位同学一样,结合黑板上的数据来说明?"教师进得及时,进得巧妙,假借学生之口,使学生经历了三个例子的洗礼。不仅如此,在学生讲得模糊处、粗略处,以及知识的核心处、关键处,或反复"哦!我听明白了,你们的意见是不是这样?虽然两个图形边数乘起来,能够得到其中一个重新接回的数,但是——",或凸显"根据学生的举例,将指定的数用彩色粉笔圈起来",或揣着明白装糊涂"哦!我有些不明白"。因此,看上去的确是学生主讲,但丝毫不给人以浮光掠影、浅尝辄止之感,全体学生尤其是后进学生实实在在地经历了对新知从模糊到清晰、从肤浅到深刻、从知之甚少到知之甚多的过程。

驻足回味

虽然"大问题"赋予了课堂更多的灵性,但毋庸否认,也给学生天马行空、抓不住重点的感觉。以前"清清楚楚一条线",现在"模模糊糊一大片"。针对学生的这种困惑,"大问题"理念引领下的课堂强调,在课堂进行到一定阶段后,让学生再回头看看,在驻足回味中梳理、深化主要知识。

比如,在"百分数的认识"教学中,执教教师在临近下课时抛出了一个问题:今天这节课,如果让你提醒同学们,你准备提醒同学们哪一点?请在黑板上圈一圈。

如图1-15,学生的圈基本涵盖了本节课的重、难点。在圈的过程中,学生对本节课的重、难点也有了一个整体的印象。

图1-15

又如,"复杂的平均数"的教学,教师首先创设情境:环保小队共有10名同学,男生的平均身高为142厘米,女生的平均身高为140厘米。这个小队的平均身高是多少厘米?学生有三种猜测:① 141厘米;② 高于141而低于142厘米;③ 低于141而高于140厘米。针对学生的三种猜想,教师组织学生分组探究,并交流汇报。交流汇报后,教师并没有浅尝辄止,而是引导学生驻足反思:"同学们的研究都很精彩,回顾一下,你们小组验证的是第几种情况?得出的结论是什么?再回忆一下别的小组的研究情况,整体思考一下。""把所有组的结论联系在一起分析,你有什么新发现?"联系起来思考,学生获得的不仅仅是知识的叠加;重要的是它能够帮助学生跳出自己小组的局限,从联系中洞察知识的本质。"把所有组的结论联系在一起,我发现总人数没变,男生的平均身高没变,女生的平均身高也没变,但是,男女生的具体人数不同,算出来的平均数也不同,男生人数越多就越接近142厘米,反之就越接近140厘米。""如果男女生的人数刚好相同,全组人数的平均身高就刚好在两组平均数的中间。"

简化教学头绪　强调内容综合

"以学生为主体""让学生的学习像呼吸一样自然"。这是"问题引领"下数学教师的自觉行动,同时也是以"大问题"为导向的教与学方式转变研究的核心思想。但是,数学课要真正告别传统的授受模式,把学生从"灌"与"填"的被动学习中解放出来,让学生真正成为自觉主动的学习者、探索者,不仅需要从观念上来一个彻底的转变;更重要的是,要在教学设计和课堂教学过程中自然有序地把学生引入主动钻研探索文本的境界之中,让学生做一个清醒的学习探索者、吸纳转化者、创造实践者。而这,实际上也彰显了"大问题"教学的一个基本设计思想:简化教学头绪,强调内容综合。

一、以"大问题"为纽带的"板块式教学"内涵界定及其价值意义

"板块式教学"就是在科学、精准的教学目标的引领下,将一节课或一个章节的教学内容及教学过程分为几个明显的而彼此之间又有密切关联的教学"板块",即教学的过程、教学的内容呈"板块"状并列而又一步一步地逐层深入。在教学实践中,这种教学思路表现出比较明显的特点。

1. 教学目标上,教者必然统筹全局,站在一定的高度审视教材,瞄准课堂教学的靶心——教材中的重点及难点,有的放矢,高效提炼,"炼"就简明的教学目标、简约的教学内容、简化的教学环节。

2. 由于板块的有机划分,向学生真正成为学习的主体迈开了扎实的一步。真正把时间和空间还给学生,让学生在和谐而高品位的课堂中认识自我、相信自我、表现自我、欣赏自我成为可能,使课堂教学充满了魅力与生命的活力。

3. 就教学的有序性而言,其教学过程清晰地表现为"一步一步地向前走",即比较理性地向前推进;其教学的具体内容构成完整的板块,即"一块一块地来落实"。将全课的教学板块连缀起来看,它呈现出一种板块层进式的教学造型。一

般一课2～3个板块,不宜过多。

4. 由于教学中的每一个板块都着眼于解决教学内容的某一角度、某一侧面的问题,因此每个板块就是一种半独立的"小课"或者"微型课",它要求教师精心地研读教材,优化、整合课本内容,提炼出可供进行教学的内容板块,从而有力地提高教师处理教材、设计方案的水平。

5. 教学中"板块"组合的形态、形式非常丰富,可以充分地表现教师设计教学的技艺、创新意识与审美意识。由于"板块"内涵的本质内容是整合教学资料与安排课堂活动,因此它可以用于不同知识领域多种课型的教学之中。

二、"板块式教学"板块设定思考及举隅

如何科学有效地制定板块,是板块式教学的核心问题,也是永恒追求。制定板块时,应该依据题材、内容、学生等情况综合考虑。下面,就以题材为例,综合年段和文本的具体特点谈板块的设定。

1. 数与代数

[例1]　万以内数的大小比较(苏教版《数学》三年级上册)

教师由浅入深设计了3个板块。

游戏一:从个位放起

① 每次两队各派一个代表来抽签;

② 第一次抽到的数字放在个位上,第二次抽到的数字放在十位上,第三次……

③ 哪一队抽到的数字组成的四位数大,哪一队就赢;

④ 能确定胜负时,本轮比赛结束。

游戏二:从高位放起

① 每次两队各派一个代表来抽签;

② 第一次抽到的数字放在千位上,第二次抽到的数字放在百位上,第三次……

③ 哪一队抽到的数字组成的四位数大,哪一队就赢;

④ 能确定胜负时,本轮比赛结束。

游戏三:自由放

① 每次两队各派一个代表来抽签;

② 每一次抽到的数字由抽签者自己决定放在哪一位上;
③ 哪一队抽到的数字组成的四位数大,哪一队就赢;
④ 能确定胜负时,本轮比赛结束。

三个游戏,三个板块,线条简洁,内容厚实。学生在清晰明了、兴趣盎然的活动过程中,不仅仅是知识的获得、情智的提升,更在课堂上获得了自主的体验和合作的愉悦。

2. 空间与几何

[例2] 三角形的认识(北师大版《数学》四年级下册)

教师让学生自学课本,并尝试画了一个三角形。教师依次引导学生思考、讨论三组问题:

1. 你画的三角形和别人画的三角形一样吗?如果不一样,哪些地方不一样?如果一样,什么地方一样?

2. 每一个角都只有一个顶点。强调了三个角,为什么还要单独强调三角形有三个顶点?三角形的特征能不能不写三个顶点?

3. "三角形"这个名称强调的是角,为什么定义三角形时,是用它的边长来定义的呢?

三个问题,三个话题,三个板块。从这三个板块的设置,我们能隐约感受到板块教学别具一格的特点和魅力——用精、少、实、活的提问来激活课堂,创新教学,真正让学生成为课堂有序学习活动的主体。

3. 统计与概率

[例3] 百分数的认识(苏教版《数学》六年级上册)

在初读课题后,教师在学生提出的雏形问题基础上,梳理出如下三个问题:什么是百分数?百分数和分数有什么不同?有了分数,为什么还要百分数?

三个问题,三个话题,三个板块。很明显,这三个问题涵盖了百分数的意义、特征、作用、适用范围,并力图沟通新旧知识之间的联系。课一开始,就有利于学生对整节课所要学的内容有一个全面架构和整体把握。

三、以"大问题"为纽带的"板块式教学"需厘清的两个关系

对于传统的教学结构而言,板块式教学是一种创新与突破。它既是一种艺术性的教学设计思路,也是完成教学目标的一种手段,其核心是学生主体理念得

到全方位的落实。课堂本是学堂;教本其实是学本;教路要考虑学路;教法应转化为学法;教艺更在乎学益。给数学课堂定向:学大于教;定位:因学设教;定序:顺学而导;定法:化学为教;定度:学会学习。但在实践过程中,也会发现时常错过绝好的生成性资源!事实是,心中缺乏目标、生成往往是"脚踏西瓜皮,滑到哪儿算哪儿"。只有生成没有预设的课堂教学是不可思议的;同时,只有预设没有生成的课堂会慢慢扼杀师生的创新精神、探究欲望和生命活力。在实践"板块式教学"时,特别要厘清以下几个关系。

1. 板块教学与目标的关系

课堂教学目标,其实就是课堂教学的支点。教学目标定位,就是确定课堂训练目标,这是课堂教学的起点和归宿,也是教学活动的核心和灵魂,统率着教学的全过程,决定着课堂教学效果的高低优劣。

目标的提出,是教学活动的起点,目标明确集中,学生达成高度,是有效教学的最重要的标志。在教学起始阶段提出简约精准的目标,可以使师生双方在教学过程中均有方向感,在教学结束时均有达标感,这是避免学生盲目被牵的关键所在。

2. 板块教学与教师主导的关系

"板块式教学"不排斥教师的主导作用,而是对教师的要求更高了,也可以说更"苛刻"了。教师面临着一场严峻的挑战,既要有广博的知识储备,在学习过程中对学生的思维、表达、合作等及时引导、点拨提升,在紧要处扶学生一把;又要有精湛的教学艺术,在学生能动创造性学习中发挥主导作用,减少学生学习过程中的盲目性,实现自主发展。

(1) 加强弹性预设,有效推进板块的实施。

"板块式教学"考虑得更多的是学生的学习和需要,即"以学定教",把工夫花在备教材、备学生上。要想把握教材的精髓和难点,读出教材的本意和新意,必须认真研读教材,备教材,这是捕捉有价值生成的前提。只有加强弹性预设,才能从容地面对学生,才能在实施板块时给学生留足自主自由思维的空间。

(2) 注重适时"介入",有效点拨提升。

"板块式教学"中课堂交流的完整性不是一下子形成的,对学生而言必定有一个逐步发展的过程。这就要求教师必须学会适时"介入",引导学生在交流中学会交流。课堂交流中的教师语言,不能是长篇大论代替学生的自主讨论,要在充分预设的前提下,有些"只言片语";但又不能因为"只言片语"而引导不力,启发无方。这就要求"只言片语"必须言简意深,起到画龙点睛的作用。这里的"只言片语",是精心构思的产物,它体现在:① 插问追索。学生进行课堂交流时,常有表述不清,内容不全的状况,这时,教师便以插问的形式给学生帮助。② 应和连接。学生是课堂交流的主体,教师不宜喧宾夺主,无端打断学生,但又不能完全以旁观者的身份无动于衷,而应当以简短的话语应和鼓励。③ 巧拨释疑。学生的课堂交流并不完全正确,有些内容别的学生未必完全听懂,这时教师就要以"只言片语"来作必要的点拨释疑。④ 点睛强调。在课堂交流中,学生的发言常常或内容芜杂,重点不清,或说了不少,不得要领,或还缺一点点……这种情况下,教师的点睛强调十分必要,或作概括,或提出要点,或补上重要一句。⑤ 期待暗示。对学生发言时的中止,教师不应马上接腔帮助,应以期待暗示、鼓励学生说下去。因为说话间的中止,有时是学生的调整思路。⑥ 提升评价。学生的交流很可能处于平滑状态,教师必须随时作出评价,或矫正,或激励,或小结。教师的评价小结,对课堂交流的维系和深入以至于形成认识,有至关重要的作用。

第二章
把握教材

从根本上说,思考不过是关照自己灵魂的一面镜子。在思考中,在发现他人的同时,也会发现一个新的自己。在思考教材的价值取向时,掂量的其实是自己所秉承的课程宗旨;在思考教材的实施策略时,反观的其实是自己所拥有的教育智慧。一句话,思考就是反思自己。

教材解读要"三读"

从某种意义上说,数学教学就是把"学术形态的数学"转化为"教育形态的数学",而这种转化的核心环节是对教材的研读与处理。有学者指出,教师要创造性地研究与处理教材,教师首先自己应成为一部书,一部生动、丰富和深刻的教科书。这种专业自觉不仅是外界赋予的权利,也是教师教学生活的内在追求。那么,数学教师如何成为一部生动、丰富和深刻的教科书呢?下面,我试从三个方面谈谈自己一点不成熟的想法。

一、站在成人的角度读一读,厘清知识是什么

不居高不能临下,不深入不能浅出。因此,教师在解读教材时,首先应站在成人的高度,厘清知识是什么,特别是知识的背景和知识背后蕴藏的思想方法。

以"小数乘整数"(人教版《数学》五年级上册)为例。如图2-1,一个风筝3.5元,买3个风筝多少钱?列算式是3.5×3。3.5×3用竖式怎样计算呢?"一般地,数学上规定,小数乘整数用竖式计算,末位对齐。"教学时,教师常常这样直接告诉学生。

图2-1

但是,"小数乘整数末位对齐"真的只是一种规定吗?这种规定有没有其内在的合理性?如果没有,那么数学家在约定这条规定前是否已经意识到这样约定有可能会引发学生认识上的混淆:小数加减法是相同数位对齐,小数乘整数怎么就变成了末位对齐呢?进而会令教学产生如下尴尬:数学怎么这个样?一时一个模样,没有逻辑!久而久之,学生想爱数学也不容易。

教什么比怎样教更重要!那么,"小数加减法小数点对齐,小数乘整数末位对齐"内在的道理是什么?为了论述方便,还是以 3.5×3 为例。3.5×3 表示 3 个 3.5 相加,用竖式表示就是图 2-1 中的第一种算法。从加法算式中看得很清楚,这个 3 既表示十分位上的 3 个 5 相加,也表示个位上的 3 个 3 相加,也就是因数 3 既指向十分位上的 5,也指向个位上的 3。既然它指向第一个因数所有的数字,所以 3 不必刻意和某一个数位对齐。而和末位对齐最整齐、最方便、最简洁,因此小数乘整数末位对齐就成了一种约定俗成。知其然并且知其所以然。显然,经历了上面的过程,"小数乘整数末位对齐"的书写格式,就不再仅仅是一种人为规定,更多的是一种理性思考。

举一纲而万目张,解一卷而众篇明!事实上,正如前面所说,"小数乘整数末位对齐"只是一种书写格式,但对格式合理性的问询中蕴含着对数学理性的本质追求。更重要地,对格式合理性的问询不仅沟通了几种算法之间的联系,同时它还有助于对"小数乘整数积与因数的小数位数相同"这一关键知识点的理解:几个相同的一位小数相加,和一定是一位小数;几个相同的两位小数相加,和也一定是两位小数……而几个两位小数相加,如 4 个 3.05 相加的和之所以看上去是一位小数,只不过是计算后把结果简化,小数末尾的 0 被去掉了。相同加数的和与相同加数的小数位数始终相等,借助学生耳熟能详的这一经验,"小数乘整数积与因数的小数位数相同"这一算理,就在师生如拉家常般的谈话中突破了。

二、站在编者的角度读一读,弄清编者为什么这样编排

教材是由教育专家在分析课程标准要义,研究国际数学课程的成功经验和发展趋势,考虑学生的认知特点和数学学科自身规律的基础上编写而成的,其内容、结构和表现形式等都具有很强的科学性。可以这样说,教材中的每一幅图、每一段话、每一道例题和习题,都隐含着编写组专家的创意和匠心。因此,解读教材,就要尽可能还原教材的编写意图,厘清教材的编写思路,融汇教材的上下

结构,品出教材的弦外之音。否则,教学就有可能失之盲目与偏颇。

以"连加连减"(北师大版《数学》一年级上册)教学为例。如图2-2,车上有7人,前门上了2人,后门下了3人。车开动后车上有多少人? 应该说,解决这一个问题并不难,学生的方法很多,代表性的主要有两种:7+2-3=6(人),7-3+2=6(人)。不过,教师并不满足。在教师的追问下,学生不负众望,第三种方法也闪亮登场:7-(3-2)。

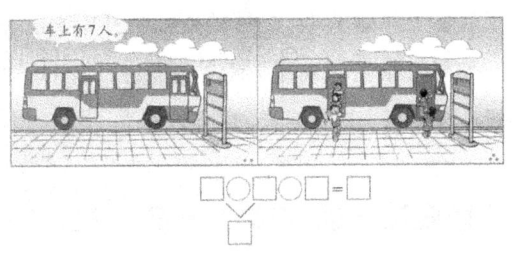

图2-2

乍一看,教师允许学生从不同角度思考问题,并勇于将学生的多种想法呈现,体现了算法多样化的理念。的确,如果仅从解决问题的角度看,上述做法无可厚非,因为无论是7+2-3,7-3+2,还是7-(3-2),都可以求出车上有多少人。但如果放在整个教材体系中看,这样处理就颇值商榷。而这就必须首先厘清一个问题:教材为什么在10以内的加减法中学习连加、连减、加减混合? 要知道,这才是一年级,而连加、连减和加减混合都是两步计算,并且中间的得数还不能直接写在本子上,而是要"记"在头脑中,再和第三个数运算。

解读教材会发现,之所以这样安排,是为了后面学习20以内进位加、退位减的需要。具体地说,20以内进位加,如"9+4",最常用、最基本的方法是"凑十"。如图2-3,把4拆成1和3,9加1等于10,10再加3等于13。

$$9 + 4 = 13$$
$$13$$
$$10$$

图2-3

退位减也是如此,以13-4为例,这时有两种策略。1.拆减数。如图2-4,把4拆成3和1,13减3再减1。2.拆被减数。如图2-5,把13拆成13和3,10减4等于6,6加3得9。可是,无论是拆被减数还是拆减数,实际上都进行了两步运算,用到了加减混合或连减。

$$13 - 4 = 9$$
$$\begin{array}{c} 3\ \ 1 \\ 10 \end{array}$$

图 2-4

$$13 - 4 = 9$$
$$\begin{array}{c} 3\ 10 \\ 6 \end{array}$$

图 2-5

经过这样分析,我们蓦然发现,原来在 10 以内加减法这个单元增加这么难的内容,目的是为了后面要用。那么,这时候有必要引导学生算法多样化吗?答案不言而喻。当然,如果有学生超前了,他说出来,教师不妨表扬他、肯定他,但应把握度,千万不可本末倒置,舍本逐末,捡了芝麻丢了西瓜。

三、站在儿童的角度读一读,选择儿童容易接受的角度

儿童是教育的主体,"教育从儿童出发"已经成为当下教育最重要的特征。但是不能否认,我们的教材受学科特点的影响,也由于篇幅、呈现形式等因素的制约,通常只是以静态、简约的方式直接呈现结论。这些结论,在成人的眼中是理所当然的,但在儿童的眼中,却可能是无法理解的。

以"两位数乘两位数"(北师大版《数学》三年级下册)为例。一幢新楼,每层 14 户,共 12 层,可住多少户?

图 2-6

如图2-6,教材呈现了三种算法:(1) $14×10=140,14×2=28,140+28=168$;(2) $12×10=120,12×4=48,120+48=168$;(3) 竖式。观察这三种算法,都用到了"拆分"。但是,为什么拆分？怎么就想到了拆分？学生真的感受到了拆分的意义与价值吗？特别地,如果没有事先看书,或者事先没有家长的辅导,学生能自然地想到将12拆分成10和2,而不是其他的任意两个数,如8和4吗？而且,为什么只拆其中一个因数,而不是将两个因数同时都拆了呢？

学生的学习应像呼吸一样自然！本节课的授课重点虽然是竖式计算,但拆分却是竖式计算的基石。以学定教！为学生的需要而教！因此,教师首先要做的是让学生自然而非人为地想到将其中一个因数拆分成整十数和一个小于10的自然数的必要性。下面是一位教师的尝试。

在教师创设情境抽象出算式后,教师为学生提供了一张"点子图"(图2-7),同时要求学生"利用你手中的点子图,在上面画一画,然后找到解决 $14×12$、$12×14$ 的方法,并将你的思考过程写在纸上"。

图 2-7

以下是部分学生的结果(图2-8):

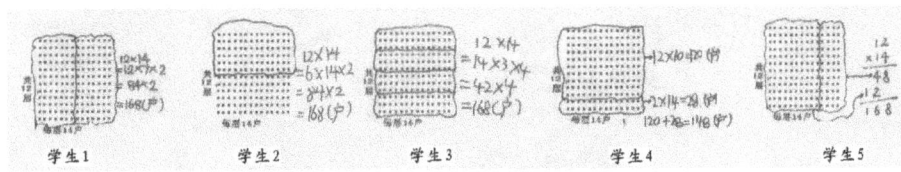

图 2-8

然后,教师组织学生交流。交流中,学生自然明白了虽然各种拆法都能解决问题,但将且只将其中一个因数拆成整十数和另一个自然数是最简捷、最方便、最自然的方法,进而也是大家普遍采用的算法。

神奇但不神秘。正如某些学者指出的,数学应该以自身的魅力吸引学生。不过,这个魅力不是指神秘。相反,作为教师,我们必须让我们的学生相信数学是自然的,而非人为的、突兀的。这就要求教师坚持儿童本位的理念,站在学生尤其是后进生的角度,用童真捕捉语言,用童趣渲染情感,用童心思考问题,这样才能想学生之所想,急学生之所难,选准儿童易接受的角度,促进儿童自然而真性地成长！

最后必须指出的是,用成人鉴赏的眼光,厘清知识是什么；用编者演绎的目光,弄清知识为什么这样编排;用儿童本位的视角,选准儿童易接受的角度。这三者既各自独立,又不可偏废,只有把这三者结合起来,我们的数学教学才会既不失严谨,又不失趣味,在数学味的褒扬中彰显儿童精神。

对北师大版"分数混合运算(一)"教材编排的一点看法

"分数混合运算(一)"是北师大版《数学》五年级下册的内容。分数混合运算的顺序与整数混合运算的顺序一样,为了说明这个道理,教材编排了这样一个例题:如图2-9,气象小组有12人,摄影小组的人数是气象小组的$\frac{1}{3}$,航模小组的人数是摄影小组的$\frac{3}{4}$。航模小组有多少人?

图2-9

教材将求解分解成两个层次。1.分步列式。先求出摄影小组的人数。"摄影小组的人数是气象小组的$\frac{1}{3}$",气象小组12人,摄影小组有$12×\frac{1}{3}=4$人;而

"航模小组的人数是摄影小组的 $\frac{3}{4}$",也就是 4 的 $\frac{3}{4}$,是 $4\times\frac{3}{4}=3$ 人。在此基础上,让学生列出综合算式 $12\times\frac{1}{3}\times\frac{3}{4}$。由于有分步算式的铺垫、暗示,计算综合算式时学生自然想到从左往右依次计算,进而顺利呈现本章节的主题:分数混合运算的顺序与整数混合运算的顺序一样。

表面看来似乎浑然无缺,但细细咀嚼,却又觉得还需商榷。教材设计这个情境的目的是为了说明"分数混合运算的顺序与整数混合运算的顺序一样",具体到本题,则是以分数连乘这一同级运算作为教学的一个支撑点。既然分数和整数连乘都是按从左往右的顺序依次计算,以点概面,"分数混合运算和整数混合运算的顺序完全一样"结论的得出似乎也就顺理成章、水到渠成了。

然而,难保学生不会质疑——$12\times\frac{1}{3}\times\frac{3}{4}$ 不仅可以从左往右依次计算,同时也可以先算 $\frac{1}{3}\times\frac{3}{4}$,再用 $\frac{1}{3}\times\frac{3}{4}$ 的积 $\frac{1}{4}$ 去乘 12。事实上,先用 $\frac{1}{3}$ 去乘 $\frac{3}{4}$,学生是完全能想到的,并且计算得到的积也不是没道理的。如图 2-10,积 $\frac{1}{4}$ 是有意义的,它表示的是航模小组的人数占气象小组人数的几分之几。气象小组 12 人,航模小组是气象小组的 $\frac{1}{4}$,所以航模小组有 $12\times\frac{1}{4}=3$ 人,即图 2-10 的第二步完全有意义。

$$12\times\frac{1}{\underset{1}{3}}\times\frac{\overset{1}{3}}{4}\cdots\cdots\text{表示航模小组的人数占气象小组人数的几分之几}$$
$$=\underset{3}{12}\times\frac{1}{4_1}\cdots\cdots\text{表示气象小组人数的}\frac{1}{4}\text{是多少}$$
$$=3\text{(人)}$$

图 2-10

每一步都有道理!无论怎样计算都有意义!既然如此,例题的引入就不能说明"分数同级运算时要按照从左往右的顺序依次计算"这一点,不能说明这一点,"分数混合运算的顺序与整数混合运算的顺序一样"结论的得出就失去了支撑的依据。

这里要特别说明的是,分数混合运算计算连乘时可以先把后两个数相乘,整数混合运算计算连乘时同样也可以先把后两个数相乘,这不能说明"分数混合运算的顺序和整数混合运算的顺序一样"。相反,只能说明整数的运算定律——乘法结合律在分数综合运算中同样使用。而这是北师大版《数学》五年级下册"综合运算（二）"要讲述的内容。从这一点考量，上述例题的编排也是不合宜的。

个人建议，将文本中的第二个信息"摄影小组的人数是气象小组的 $\frac{1}{3}$"改换成"气象小组的人数是摄影小组的 $\frac{1}{3}$"，这样列出的是除、乘综合算式：$12 \div \frac{1}{3} \times \frac{3}{4}$。这样虽然增添了思维的难度，但是情境就能完美地解释"分数同级运算应该按照从左往右的顺序依次计算"这一道理。此外，由于分数和整数都隶属于有理数的范畴，因此很多一线教师在教学这一内容时，直接把混合运算中的整数改换成分数，进而实现自然地过渡。个人认为，也是一个不错的思路。

一直以来，北师大版《数学》教材以它的前瞻性、独创性、开放性引领着我国数学教材建设的潮流。而这也无形中给我这个一线教师写作本文以鼓励——指出教材编写的争议不是挑刺，也不是吹毛求疵，而是为了更好地建设。

教材知识结构和学生认知结构不一致怎么办

这是一节推门课。上课的是一个年轻的教师，执教的课题是"用字母表示数"。

说实话，"用字母表示数"我没上过，了解得也很少，几乎没有。但这正给了我一个别样的视角——我可以像班上所有小孩一样，随教师的设计而闻声起舞。

"妈妈比淘气大 26 岁，淘气 1 岁的时候，妈妈多少岁？"

"27 岁。"我差点脱口而出。

"淘气 2 岁的时候呢？"

"妈妈 28 岁。"答案也条件反射般地出现在我的脑海。

然而，出乎我的意料，27、28 似乎不是教师期望的答案，教师继续追问："用算式怎样表示呢?"

随着学生的口述,教师相机在黑板上板书:1+26,2+26……

明明不用想都能说出答案的,教师为什么还要列成算式?这是不是有点舍近求远、避实就虚?教师这样做的目的究竟是什么?

出于好奇,我翻开了学生的课本。原来,课本上就是这样编排的(图2-11):

图 2-11

并且,随着课的铺展宕开,我也慢慢领会了教材这样编排的意图:1. 减少坡度,有了"1+26""2+26""3+26"等式子的铺垫,当淘气的年龄未知用字母 a 表示时,学生能顺利迁移出妈妈的年龄——$a+26$;2. 有利于学生领悟"1+26""2+26""$a+26$"等式子不仅能表示一个具体的数(妈妈的年龄),同时也能表示一种数量关系(妈妈比淘气大 26 岁)。

但是,有着丰厚知识储备的我能想明白,对"式与代数"一无所知的 11 岁的孩子能想明白吗?从孩子们迷茫的神情中,从孩子们别扭的回答里,我能体会到孩子们理解的生硬。

然而,生硬不只于此。"淘气 1 岁的时候爸爸 27 岁,爸爸的年龄用算式怎样表示?"从教师的追问中,从教师对"算式"这个词的强调里,可以看出,在潜意识里,教师或许自己也没有意识到"1+26""2+26"也可以表示一个具体的数。

看来,教材的知识结构和教学结构、学生的认识结构并不完全一致!作为教师,这时要做的不是照本宣科,而应删繁就简弥补这种差距,将教材的知识结构顺利转化成教学结构、学生的认识结构。

事实上,方法是有的,而且并不复杂。我认为,只需在学生回答 27 岁、28 岁的时候适时追问:你是怎么想的,并相机整理出下面的板书(图 2-12)。

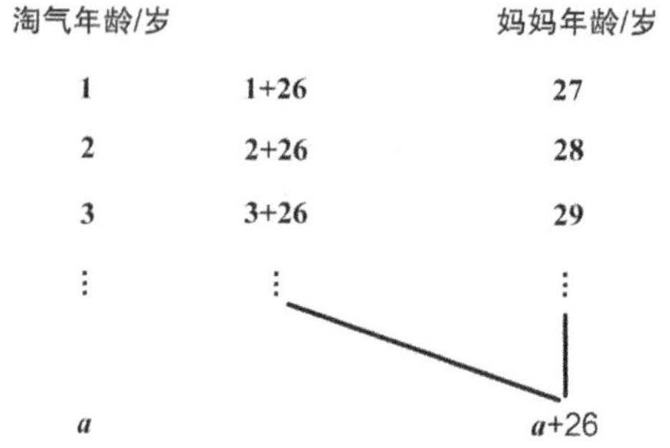

淘气年龄/岁		妈妈年龄/岁
1	1+26	27
2	2+26	28
3	3+26	29
⋮	⋮	⋮
a		$a+26$

图 2-12

条分缕析，纲举目张！从板书中可以看得很清楚，$a+26$ 是两个方面的综合：年龄和算式的综合。前者表示一个具体的年龄，后者表示妈妈和淘气年龄的关系——妈妈比淘气大 26 岁。而这事实上正凸显了"式"的两层含义：既可以表示一个具体的数，也可以表示一种数量关系。

教材只是个例子！上述事实再一次告诉我们，教师只有站在儿童的角度，想儿童所想，察儿童所察，换位思考，将教材的编排结构转化成儿童的认识结构，儿童的学习才能像呼吸一样自然。

是学问而不仅仅是计算

"买票的学问"（北师大版《数学》五年级上册）是在三年级学生接触过"森林旅游""旅游中的数学"等专题实践活动的基础上，围绕"旅游费用"设计的又一综合实践活动。落实这一活动的关键，是了解各种方案的意义，并能通过计算明确如何购票最优惠。因此，解读方案的意义并通过计算比较两种方案所需钱数的多少，就成为课堂的一道重要风景。而这很容易给教师以误导，即"买票的学问"是计算课、是计算技能演练课。所以，如何把买票当成一门学问，而不仅仅是计算的技巧？如何培养智慧的学生而不仅仅是埋头苦算的学究？这些考量着教师的智慧。

研读教本，教材是按照"示范—演练"的结构进行编排的。

图 2-13

如图 2-13,教材首先呈现一种情形(4 个大人,1 个小孩)让学生讨论,明确比较的方法,再呈现其他情形,让学生操练。应该说,这样安排有其优势,即便于教师集中指导,学生能在有限的时间内快速掌握比较的方法。不过,正如很多一线教师所苦恼的,这样编排也有不足。

当情况比较简单(主题图提供的第一种情形),比如"4 个大人,1 个小孩"这种情况,这时买票只有两种选择,或者 5 个人都买团体票,或者 4 个人买成人票,1 个人买儿童票。前者需要 5×100＝500 元,后者则需要 4×160＋40＝680 元。怎样购票一目了然。

但有时情况比较复杂,如 4 个大人、2 个小孩,这时单独采用 A 方案抑或 B 方案都不是最节省的方案。不过,由于受先前学习的影响,学生常常是自然地、按部就班地按照先前的方法计算两种方案所需的钱数,比较后选择其中的一种。虽然经过教师点拨,也有学生想出组合方案,但更多地表现为一种灵感。对于所有学生而言,组合方案的引出就如同是天外飞仙。而且,由于组合方案不可能单纯通过计算获得,此时的经历必将对先前的学习造成干扰。以后面对任何一种情形,特别是课后练习 1(图 2-14)第三问:"7 个大人,3 个小孩",学生总是心里嘀咕:是不是还有什么方案我没想到? 可以预见,以后的练习学生就如同揣了一只兔子,心底始终惴惴然。

1. 在"长城旅行社推出A、B两种优惠方案"的情境中，回答下列问题：
(1) 3个大人、2个小孩，哪种方案买票省钱？
(2) 1个大人、7个小孩，哪种方案买票省钱？
(3) 7个大人、3个小孩呢？

你发现了什么？

图 2—14

之所以如此，我认为，一个关键的原因是对教材的简单把握与处理，使得买票仅仅成为一种计算，而不是一门学问，进而抑制了学生主动性的发挥和自身智慧的生成。鉴于此，笔者认为不妨做出改变。课一开始就抛出一个大的问题："老师一家五口人，你们建议老师按哪一种方案购买门票？"应该说，这一问题有一定难度，但仍在学生最近发展区内，学生"跳一跳能摘到果实"。课堂实践证明了这一点。学生马上意识到这不能一概而论，应该具体问题具体分析。要想知道一家五口按哪一种方案购买门票，首先应知道五口人中有几个大人，几个小孩。事实上，这有五种情况：5个大人；4大1小；3大2小；2大3小；1大4小；5个小孩。一家五口五种情况，如果一个一个来研究，不仅显得枯燥，课时也不够。怎样解决这个问题呢？学生想到了小组合作。

合作交流不仅有效节约了课堂教学时间，更重要的是，为学生深入探究提供了契机。具体地说，当所有情况解决之后，教师引导学生观察：同样是5个人，为什么有的是选A方案省钱，有的是选B方案省钱，这其中有什么规律？进而促使学生发现：小孩多选A方案省钱，大人多选B方案省钱；A方案对小孩有利，而B方案对大人有利；小孩尽量买个人票，大人尽量买团体票。有了这些发现作基础，组合方案在学生脑海中就不再是无迹可寻，而是有章可依：4个大人2个小孩，大人多，尽量买团体票；4个大人只需要1个小孩就可凑成团体票，剩下的小孩当然要买个人票；7个大人3个小孩的情况依此类推。

显然，此时的学习就不再仅仅只是一种计算，更多地，是一种考量，是一种规律引导下的自主探索。当然，课堂也因此折射出智慧的火花。

在"复杂"与"简单"之间穿行

"植树问题"是人教版《数学》四年级下册第八单元的内容,也是传统奥数专题中比较难的一个章节。植树问题类型繁多,基本题型就包括不封闭线路上植树与封闭线路上植树;而不封闭线路上植树和封闭线路上植树又分多种情况,如前者就包括两端都栽、头栽尾不栽、尾栽头不栽和两端都不栽四种。

植树问题的众多分类不仅增加了记忆、理解的难度,同时也容易使植树问题的解答过程异化成为"判断题型→搜寻记忆图式→运用对应图式解答"的机械套用过程。最令教师苦恼的是,由于各种类型内容关联、规律相近,当只教学其中一种情形(图 2-15 的例 1,两端植树)时学生还能条分缕析,但当多种情况混杂在一起(图 2-15 的做一做和例 2),什么时候加 1,什么时候减 1,什么时候应该乘,什么时候应该除……学生常常是越弄越糊涂!真是你不教学生倒还明白,你越教学生倒越迷糊了。

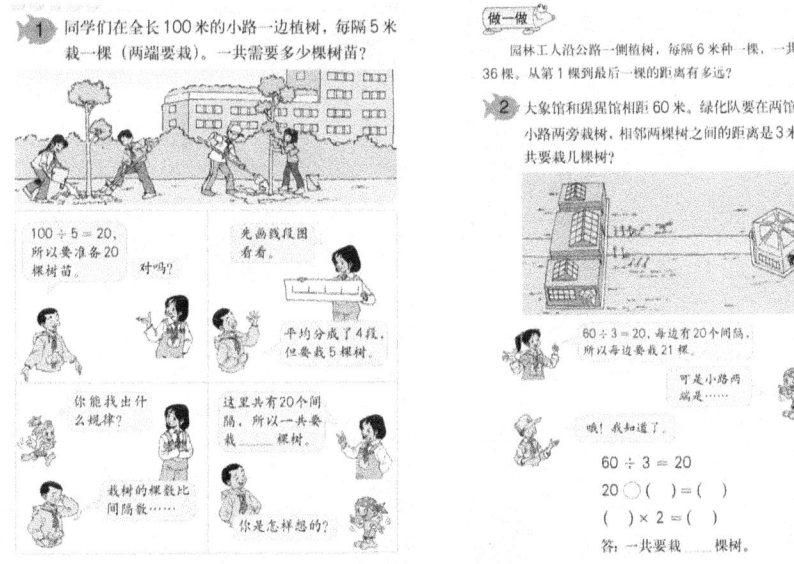

图 2-15

因此，植树问题的教学要走出以上困顿，就必须另辟蹊径，从"两端植树，棵数＝段数＋1；一端不栽，棵数＝段数；两端都不栽，棵数＝段数－1"这些机械、繁琐的规律记忆中跳出来。

当然，"路"是有的。如图 2-16，四幅图分别对应着植树问题的四个类型：头栽尾不栽、尾栽头不栽、两端都不栽、两端都栽。

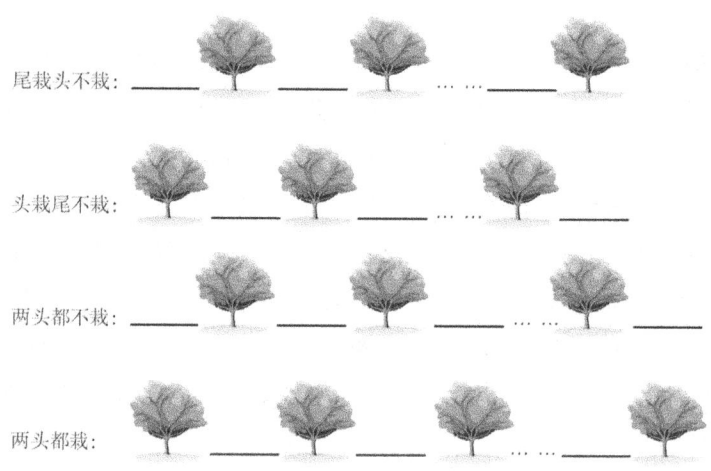

图 2-16

如果我们把"路"也看作一个物体，如图 2-17，树与路实际上是有规律地间隔排列，一棵树后是一段路，一段路后是一棵树，树与路在一定范围内一一对应。

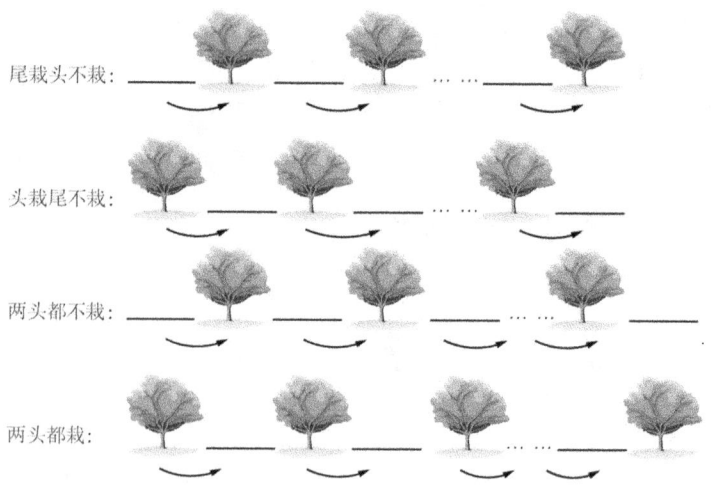

图 2-17

事实上,如果用"一一对应"的思想分析不封闭路线植树问题的四种类型,那么枯燥、繁琐的植树问题就会变得异常简单。具体地说,

尾栽头不栽:路、树、路、树、……、路、树。路开头,树结尾,路和树一一对应,路和树一样多。

头栽尾不栽:树、路、树、路、……、树、路。树开头,路结尾,树和路一一对应,树和路一样多。

两头都不栽:路、树、路、树、……、路、树、路。路开头,路结尾,路比树多1。

两头都栽:树、路、树、路、……、树、路、树。树开头,树结尾,树比路多1。

而上述分类还可以更进一步。如图2-18,不封闭线路上的植树问题只需分为两种类型:同一种物体开头,同一种物体结尾的,既开头又结尾的物体多1;一种物体开头,另一种物体结尾的,两种物体一样多。

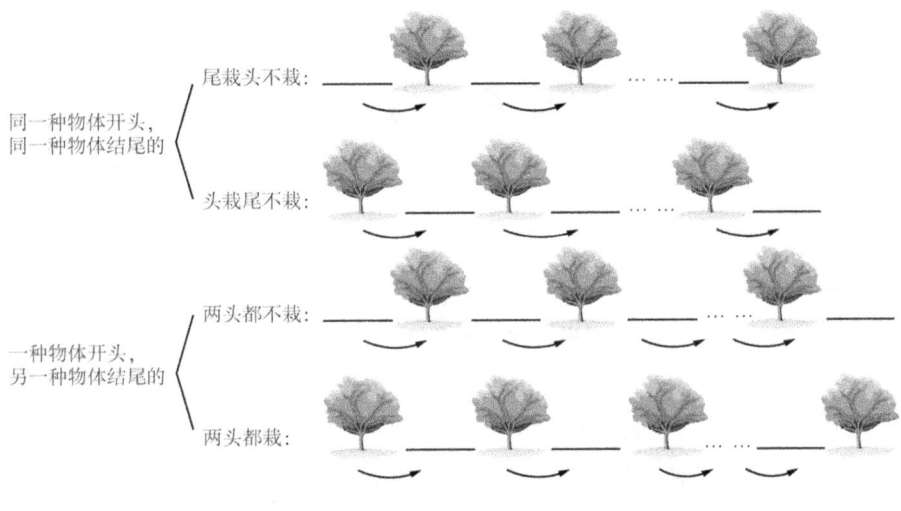

图 2-18

而这无意中和学生的生活经验相契合。如果首尾都是男生,那么男生多1个;反之,女生多1个;如果男生开始,女生结束,那么说明男女生人数相等,反之亦然。

越简单的东西越深刻、越概括。耳熟能详的男、女生间隔排队的情境是引导学生发现不同排法下男、女生人数间关系的载体,也是学生体悟一一对应思想的载体,同时还是学生进一步研究抽象、多变的植树现象中规律的直观模型:把树和几米长的一段路分别看作两种物体,这两种物体间的排列就跟男、女生间隔排

队一样形象、清晰和有规律可循。透过"排队比多少"活动,研究排队中的人数规律,将植树中的复杂情形与"排队"现象建立联结,借助"排队"情境,分析、理解、发现植树问题中的规律——复杂多变的植树问题由"繁琐"走向"简单",由"刻板"走向"生动"。

同一个教学内容可以有不同的解读角度,这取决于教学的目标设计。重构一个教学设计的目的也不全是为了"以新换旧",更重要的意义在于思考不同设计的教学价值。把复杂的东西教简单,把简单的东西教得有厚度。上述解读从某种程度上彰显了我们数学教师今后不妨努力的一个方向:不以教学技能的精湛为毕生追求,而把积淀和丰厚学科素养作为发力的基础。靠形式取胜,总是短暂的;靠内涵取胜,才能永恒!

不是料子　做出样子

这是一节语文课,为我们作课的是一位年轻的教师,她执教的是一节三年级上册教材中的课文:《梅兰芳练功》。原文如下:

梅兰芳是我国著名的京剧表演艺术家。

他8岁那年,曾跟一位有名的先生学戏。这位先生反复教他,他没有学会,先生见他进步太慢,就说他不是学戏的料子,没心思再教他了。临走时,先生对梅兰芳说:"祖师爷没给你这碗饭吃,我也没办法。"

先生走了,可他的话常常在梅兰芳的耳边响起,像针一样刺疼他的心。他常想,我真不是学戏的料子吗?梅兰芳下定决心,一定要学好戏,闯出个样子来。

后来,梅兰芳进了一个叫"云和堂"的戏班子拜师学艺。云和堂的吴先生对弟子的要求十分严格,对梅兰芳也不例外。

一次,吴先生教梅兰芳练跷功。吴先生搬来一条板凳,上面放一块砖,让梅兰芳踩着半米多长的高跷站在砖头上,并要求一次要站一炷香的时间,中间不准休息。开始,梅兰芳一站到那么高的地方,心里就很慌张,站一会儿腰又酸腿又疼。梅兰芳为了练出过硬的功夫,硬是咬着牙坚持着,连腿都站肿了。

练了一个秋天,梅兰芳的跷功大有长进,吴先生连连称赞。梅兰芳并不满足,想方设法要使自己的跷功更上一层楼。

冬天,他自己浇了一个小冰场,踏上高跷,在冰场上跑。那光滑的冰面,不要说踩高跷,就是在上面走路,也难免要摔跤。梅兰芳身上经常被摔得青一块紫一块。每次跌倒,他都立即爬起来,继续练。吴先生看见后,劝他休息几天。梅兰芳说:"先生,您不是常说,练功练功,一日不练三日空吗?"吴先生听后不住地点头。

正是凭着这种顽强的毅力,梅兰芳从小打下了扎实的功底,后来终于成为一名蜚声海内外的京剧艺术大师。

说实话,我不是一位语文教师,语文也不是我的兴趣所在。不过,或许也正是因为我不是一个语文教师,所以我反而得以从教师一环扣一环的设问中跳离出来,以一位旁观者的身份去审视这位教师的执教给我带来的体验。

个人认为,如果我是这位教师班上的一名学生,听完这位教师上课后,我一定会对梅兰芳大师的第一位先生产生怨怼。

为什么?

我们不妨先来看看文章的文本结构。应该说,《梅兰芳练功》是一个典型的总分总行文结构。文章第一自然段总写梅兰芳是我国著名的京剧表演艺术家,然后第二至七自然段具体写梅兰芳学戏的过程,最后第八自然段又照应开头,写梅兰芳凭借顽强的毅力终于成为一名蜚声海内外的京剧艺术大师。而第二部分又可分两层,第一层是第二、三自然段,写梅兰芳的第一个老师对梅兰芳的评价,第二层是第四至七自然段,写梅兰芳如何刻苦练功。

与之相对应的,教师的教学过程如下。

在检查学生预习后,让全班学生开火车读课文,并提问:"课文从第几节到第几节是写梅兰芳练功的?"

"四至七自然段。"

"那课文二、三节是写什么的?"

"写的是第一个先生对梅兰芳的评价。"

"梅兰芳的第一个先生是怎样评价梅兰芳的?"

"不是学戏的料子,不适合唱戏。"

"祖师爷没给你这碗饭吃,我也没办法。"

"听了先生的评价,梅兰芳是怎样做的?放弃了吗?"

进而,紧扣"下定决心,一定要学好戏,闯出个样子来"展开教学。

听到这里,我心中不禁隐隐腾起一丝担忧:试想,一个被老师鉴定为"不是学戏的料子,不适合唱戏"的学生,换了一个老师后,却通过自身的努力,成长为蜚声海内外的著名京剧表演艺术家,这会给学生一个怎样的印象?对于前一个老师,学生又会持一种怎样的评价?进而,会不会在学生头脑中留下这样一个错误印象:自身学业出了问题,可心里却认为责任不在自身,而在老师——是老师没有找到适合自己的教育方法。

显然,一切皆有可能!不过,凭直觉,这不该是文本要折射的价值导向。因此,教学应该从另一个角度去解决。比方说,解决这一个问题:梅兰芳,蜚声海内外的著名京剧表演艺术家,可是初学京剧的时候,却被第一个老师评价为"不是学戏的料子,不适合唱戏",你怎样看待他的第一个老师?

窃以为,这个问题至少有两个作用:能让学生对梅兰芳成功的缘由进行溯因;同时,附带地,学生在溯因的过程中还可以对第一个老师进行理性的判断。事实上,第一个老师也是不错的,至少作者是没有抱以偏见的。从文章的字里行间中可以看出,首先,梅兰芳的第一个老师是一个有名的老师;其次,他也很努力、很尽心,课文中就明确写到他曾"反复教他"。因此,梅兰芳第一次学戏没有成功,并不能说明他的失败,因为影响一个人成功的因素有很多,梅兰芳的可贵之处在于听了老师的评价后不是怨怼,不是自暴自弃,而是反省,发愤图强,进而走出了一条"不是料子,做出样子"的道路。

不识庐山真面目,只缘身在此山中!跳到"山"外,在模糊了课的细节因而使得课的纹路和脉络显得蒙胧的同时,反而彰显了课的更为整体也更为本真的东西。而那,却是课的生命所在。

而这正揭示了一名数学教师反思一个语文案例的意义所在。的确,观课、议课、备课、评课的时候,我们真的不妨让自己后退几步,再后退几步,或许在课程的历史景深中,我们对教材会有一种别样的视野,会有一种更为从容、淡定的心态。

给除法竖式"为啥这样写"一个合理的解释

一位数除两位数的除法竖式的书写格式属程序性知识,很多学生只是简单地把它当作一种事实来识记:先用一位数去除被除数十位上的数,将剩余的余数和被除数的个位数字合起来,再除以一位数,得到的结果写在商的个位上。由于上述文字过于繁琐,而且涉及的运算比较复杂——乘、减、试商都反复运用,因此虽然学生十分努力,但效果仍然不甚理想。鉴于此,有教师尝试让学生用小棒摆一摆,分一分,然后结合分的过程写竖式。然而,正如前文所说,由于涉及的运算比较复杂,即使教师条分缕析,也有学生难以在平均分与除法竖式每一步间建立联系,这样操作过程中的感性认识就没有有效成为有意义地接受除法竖式的必要基础。而且,因为是除法竖式的起始课,被平均分的数不是很大,很多学生不用竖式也能"看"出答案,间接地,也增长了学生"答案口算,竖式依样画葫芦,忽略操作"的倾向。因此,如何在平均分与除法竖式每一步间有效地建立联系?如何让学生自然而不生硬地内化除法竖式的结构和步骤?我们就这些问题进行了探讨。下面是我们的教学实践。

[片断回放]

(CAI课件呈现问题,师生抽象出"48÷2"的算式)

师:48÷2等于多少?有没有同学知道?

生:48÷2等于24。48可以分成4个十和8个一,4个十除以2等于2个十,8个一除以2等于4个一,合起来就是24。

师:假设隔壁班的一个小朋友,他还没学到这个,他的基础有点差,看到你们这样分桃子,他会有一个什么想法?

生:他会想,我们分得对不对?

师:那么,怎样向这名基础有点弱,没学到这个知识的学生证明你们分得到底对不对呢?

生:我会演示给他看。(学生边演示边讲解)大家注意到没有,猴子分桃子是分两步进行的。第一步分篮子里的桃子,一共4篮,平均分给2个猴子,每个猴子分到2篮;再分零散的桃子,一共8个,平均分给2个猴子,平均每个猴子分到4个;这样每个猴子都一共分到2加4个,一共分到24个桃子。

师:怎样用竖式把分桃子的两步表示出来呢?

(学生自主尝试,教师巡视,寻找典型算法,2分钟后组织学生交流)

师:我看到几个同学是这样表示的(呈现图2-19)。同学们,你们觉得有没有道理?

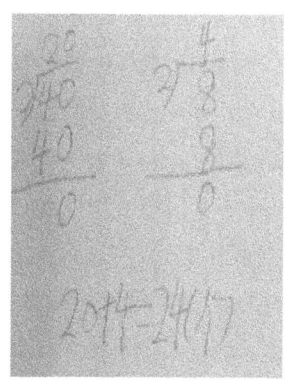

图 2-19

生:有道理。40除以2表示先分篮子里的桃子;8除以2表示第二次分单个的桃子。

生:我也觉得有道理,一个竖式表示一个分的步骤。

生:道理是有道理,就是有一点麻烦。

师:具体说说。

生:分一次用一个竖式表示,分两次用两个竖式表示,分三次、四次是不是要用三个、四个竖式表示呢?……这样分的次数多的时候就要写很多竖式。

师:是啊。同学们有没有好的建议?

生:能不能把两个竖式拼成一个竖式?

师:这个主意咋样?同学们试一试。

生:我是这样写的。(呈现图2-20)同学们看,20和4都表示分的结果,我把它们写在一起。这样可以少写一个竖式,并且可以直接看出每个猴子最后分到了多少个桃子。

师:你为什么把"两个4"和"两个8"都画上一个圈?

生:一个圈表示分了一次,两个圈表示分了两次。

图 2-21

师：同学们，这个同学的想法怎样？

生：我觉得很好。我提一个改进的意见，可以把它写得更简洁。两次都是平均分给两个猴子，两次除数都是2，下面的那个2和上面的那个2相同，可以只写一个。

师：你到展示平台上圈一圈。

生：同学们，你们看，这个2和这个2相同（学生边说边圈，如图2-21），都表示除数，可以省略一个2。把下面的这个2擦去，可以得到这样的除法竖式（如图2-22）。

图 2-21　　　　　　　图 2-22

师：同学们看看书，看看书上列的除法竖式和我们列的有什么不同。

生：原来我们只知道这样列除法竖式，但是不知道这样列的缘由。通过今天的学习，我知道除法竖式其实是由几个一步除法竖式简写来的。

……

教育，从外打破是压力，从内打破是成长。应该说，这在上述案例中得到了充分的体现。针对学生"答案口算，竖式依样画葫芦，忽略操作"这一实际，教师没有生拉硬扯,机械灌输。相反,力求让学生自发地生成操作的心理需求。具体地说,利用学生喜欢帮助弱者这一心理特点,教师创造性地营造了一个"隔壁班"的教学情境:"假设隔壁班的一个小朋友,他还没学到这个,他的基础有点差,看到你们这样分桃子,他会有一个什么想法?"学生马上想到,他会怀疑咱们分得是否正确。"那么,怎样向这名基础有点弱,没学过除法竖式的学生证明你们分得对不对呢?"显然,最直接的方法是操作。这样,操作就不再是教师的外在规定,而是学生的内在需求,是学生帮助他人、"知道了,怎样深入浅出地证明"的需要。

更为重要的是,从案例中可以明显看到,学生操作过程中的感性认识真正有效地成为学生有意义地接受除法竖式的必要基础。当学生演示猴子分桃子的步骤的时候,教师相机引导:"怎样用竖式把分桃子的两步表示出来呢?"于是,有学生列出两个竖式。"分一次写一个竖式,分两次写两个竖式,分三次、四次要写三个竖式、四个竖式……这样分的次数多的时候就要写很多竖式。"学生马上想到将两个竖式合并成一个竖式。"同学们,这个同学的想法怎样?"合理是合理,但仍然可以简略。讨论中,交流中,学生蓦然发现算式中的"2"都表示除数,这样可以只写一个,把下面的这个 2 擦去,就得到了标准的除法竖式的原型。

教育是慢的艺术!学生的学习应像呼吸一样自然!显然,经过了上面的过程,除法竖式在学生的眼中就不再是机械的、生硬的,而是自然的、灵动的、活泼的,是蕴含了智慧成长的。

将文本解读为剧本

将文本解读为剧本!这是一次在深圳小学数学示范科组督导评估时,一位同行的教师随口表达的一个观点。同行的教师言者无心,但作为听者的我却久久不能平静。积淀在心,薄发几句。

本应该举常规课堂中的案例,但转念一想,我心有佛,众生皆佛!"教材无非是个例子"!既然如此,不用常规课堂中的例子又如何?

于是,想到了最近某培训机构的老师和自己聊的一道题:贝贝准备把自己的一些连环画借给几位好朋友。如果每人借 2 本,还剩 13 本;如果每人借 5 本,只剩1本。有几个好朋友找他借书？一共有多少本书？

有一些教龄的教师都知道，这是传统奥数教学中最难教最难学的"盈亏问题"中的一道题。对于这道题，即使是专业的奥数教师，即使是专门的奥数培训课，也常常被简单地异化成辨别题型、套用公式的机械训练。

学生的学习不应是机械的、无理的、不可想象的、依葫芦画瓢的，而应是自然的、灵动的、活泼的、孕育了数学智慧的！如何让"盈亏问题"与学生已有的生活经验相联系？如何让传统的奥数专题也流淌着智慧和乐趣的火花？将文本解读为剧本不失为一个好方法！

在具体阐述之前，我们不妨稍微丰富一下上题的情境：周日，贝贝家来了几个好朋友。玩耍之后，小朋友们找贝贝借连环画看。刚开始每人借2本，结果贝贝还剩13本。小朋友们心里嘀咕了："好一个贝贝，咋还有多的，不行，咱们还要借！"于是，贝贝又多借给每人3(5－2)本，结果还剩1本。有多少个小朋友？贝贝一共有多少本连环画？

贝贝先剩13本，后来只剩1本，说明第二次又借出去了12本，而第二次每个人只借了3本，这样就说明找贝贝借连环画的小朋友有12÷3＝4人。

删繁就简，化难为易！如果一道题说明不了问题，我们不妨再看一道题：

南京路小学学生排队做操，若每行站9人，则多37人；若每行站12人，则少26人。该校一共有学生多少名？

还是丰富一下这道题的情境：南京路小学学生排队做操，刚开始每行站9人，结果有37人没位置站。大队辅导员说话了："这37个人不能不做操啊，这样吧，每行增加3(12－9)人。"话音刚落，剩下的37人马上站进了队伍。可是辅导员一看，队伍仍然没有方方正正。同学们数了数，发现还可以站26人。站了多少行？南京路小学一共有多少个学生？

不仅37人都站下了，而且还可以站26人，说明如果站得方方正正，队伍一共还可以站37＋26＝63人。可事实上，每行只多站了3人，这样就说明站了63÷3＝21行，进而可算出南京路小学有学生27×9＋37＝280人。

将文本解读为剧本，不仅增添了数学课堂的情趣——事实上这对小学生是很重要的；同时也给求解"盈亏问题"以一种别样的视角：把"盈亏问题"简化为调整分配的过程——对第一次分配结果不满意，于是增加或减少每份分得的量，而解题的关键正在于审视"第二次每份增加或减少的那个量"。

方程就是讲故事

"含有未知数的等式,叫做方程。"应该说,从字面意义上来理解,方程的理解与判定并不复杂。但是,教过方程的教师都知道,方程的认识并不如我们想象中那样容易,突出表现在:一个式子呈现在学生面前,学生虽然能准确地判断它是不是方程,并能熟练地求解方程,但问题解决时如果不特别强调,学生一般首选的仍然是算术方法而不是方程方法。表面看来,学生首选算术方法是因为用方程解决问题需要设未知数,形式上比较繁琐,但更深层次的原因在于学生习惯的是算术思维,学生的思维还局限在算术的层面。因此,将学生的思维从算术引向代数,切实地让学生体验代数思维的简易,就成了"认识方程"教学重构的重点。

梳理以往的教学,常用的策略是把教学的重点放在等量关系的提炼和整理上。这个思路固然不错,但在具体实践中,却常常陷入似是而非、进退维谷的尴尬。举个例子。

如图 2-23,如果设热水器的容量是 x,学生列出的方程可能有:

刚好倒满2个热水瓶和1杯

图 2-23

① $2000=2x+200$;

② $2000-200=2x$;

③ $2000-2x=200$;

④ $x=(2000-200)\div 2$。

计算方法的简单常常要付出逻辑思维的代价!如果从解题的角度看,上述四个方程无疑都是对的！但是,如果从引进方程初衷的角度考量,其中有些式子却又似乎违背了方程的本义。具体地说,图2-23表达的意思是"一个2000毫升的水壶装的水刚好可以倒满2个热水瓶和一个200毫升的塑料杯"。可是,如图2-24,除了式①"真实地"表述了题目的本来面目外,其他式子都对图2-23的本来面目进行了变通,这在第④个式子表现得尤其明显。换言之,列的虽然都是方程,但式②③④却也有倒着想的成分。

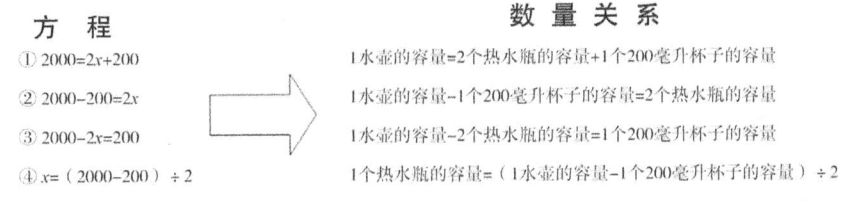

图2-24

淮南为橘,淮北为枳！方程新装里面裹着算术的里子,表面上写的是方程,骨子里仍然是算术的思路。骨子里仍然是倒着想,学生当然感受不到方程顺着想的简便；相反,由于有了形的羁绊,学生更多地体验到的是方程形式上的负担。这就难怪对于方程,学生打心底里是一种排斥的态度。

"'方'即方形,'程'即表达式。对于某一问题,如含有若干个相关的数据,将这些相关的数据并肩排列成方形,则称为'方程'(《九章算术·方程》)"。从上面的表述可以看出,方程最大的特点是所有数据地位相等,最大的优势是可以顺着事情的发展脉络将所有数据依次组织在一起——即顺着想。

将所有数据依次组织在一起,要做到这一点,首先要改变学生的一个思维定式,即由于自身的思维习惯,并且由于对要求解的问题的关注,学生尤其是刚接触方程的小学生,很难不把要"求解的问题"放在突出地位。因此,方程教学要走出"淮南为橘,淮北为枳"的尴尬,首先要帮助学生建立一种认识,即未知数和已知数一样,所有数据的地位相等！只有这样,学生才会有意识地把未知数当作已知数一样使用。下面是我们的尝试。

[片断回放]

师:听说四(4)班的学生很会讲故事。百闻不如一见,今天我们来见识一下。(CAI课件演示,如图2-25(1))你看到了什么？

生:天平左边放了4只虾。

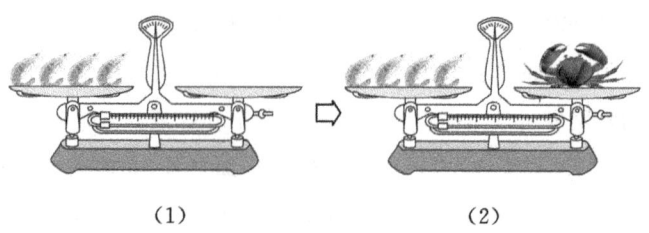

(1)   (2)

图 2-25

师:(CAI课件演示图2-25(2))现在呢,你又看到什么了?

生:天平右边放了1只螃蟹,天平平衡了。

生:天平左边放了4只虾,右边放了1只螃蟹,天平平衡了。

生:4只虾的质量等于1只螃蟹的质量。

师:说得好! 凭什么说是等于呢?

生:因为指针指向中间,天平是平衡的。

师:其实,在我们的身上也有一座天平,知道在哪吗?(生诧异)同学们,我们都有一双手,我们用手臂表示天平的两个托盘,那刚才的图可以怎样说?

生:4只虾的质量(左手手掌朝上,边说边慢慢举起)等于1只螃蟹的质量(右手手掌朝上,慢慢举起到和左手手掌一样高)。

(同桌互相模拟表演)

师:(CAI动画播,如图2-26)现在呢,又讲了一个什么故事?

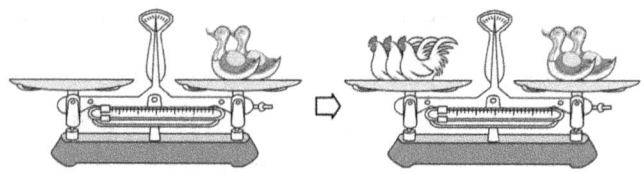

图 2-26

生:3只鸡的质量等于2只鸭的质量。(边说边做手势)

生:我觉得你做得不好。3只鸡的质量等于2只鸭的质量,它们是一样重的,你没有放平,两边的手势应该一样高。

师:接受吗?(生点头)如果中间添一个符号把左右两边连接起来,你们觉得应该添一个什么符号?

生:等号。两边一样重,一样高。

师:(在图中加入数据,如图2-27)现在老师加上了数据,谁能把刚才的故事

第二章 把握教材

再讲一遍?

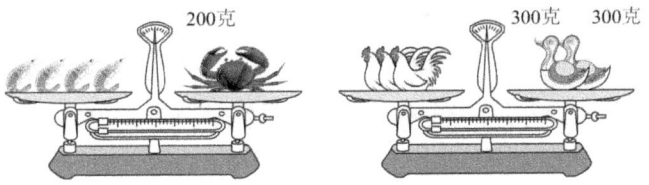

图 2-27

生:天平左边放了4只虾,右边放了1只200克的螃蟹,两边一样重。

生:4只虾的质量等于1只200克的螃蟹。

生:3只鸡的质量等于2只300克鸭的质量。

师:(出示图2-28)现在,又发生了一个什么故事?谁来说一说?

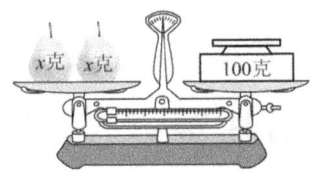

图 2-28

生:天平两边放了2个 x 克的梨,右边放了一个100克的砝码,两边一样重。

生:2个 x 克的梨的质量等于1个100克砝码的质量。

师:刚才我们借助天平讲了几个故事,离开天平,你们还会不会讲故事了呢?我给你们提供2个研究素材(出示图2-29),你和同桌一起商量商量,下面这两个故事怎样讲?

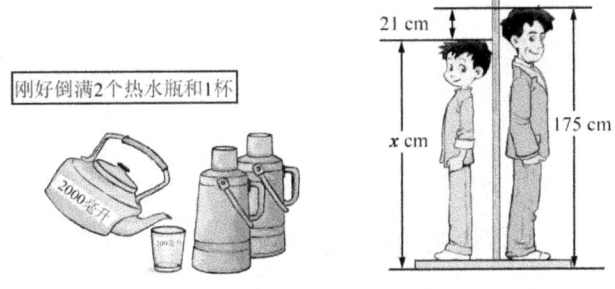

图 2-29

生:把一个装满水的热水壶里的水往外倒,刚好倒满了2个热水瓶和1个塑

061

料杯。

生：2000毫升的水可以倒满2个热水瓶和1个200毫升的塑料杯。

生：大人比儿童高21厘米。

生：175厘米高的大人比 x 厘米高的儿童高21厘米。

……

方程就是讲故事！上述案例中，教者没有为了教方程而教方程。相反，教者把自己的真实意图隐藏起来，让学生不断地讲故事。而就在讲故事中，学生顺着事情发生、发展的顺序讲故事的能力得到提升，顺着想的意识得到加强。更重要的是，在讲故事的过程中，所有的数据在故事中都变成了一个个代号，已知和未知的概念被弱化，大家都是相等的。潜移默化中，突破了重点，突破了难点。

给估算以支点

这是一节推门课。上课的是一位年轻教师，执教的内容是"加减法估算"（北师大版《数学》二年级上册）。

教师开门见山，出示书中的主题图（图2-30）。

图2-30

"40本书够吗？不用计算，你能估计出来吗？"

可是，学生并没有按照教师所想的那样去估算，而是直接列出算式：19+18=37（人）。教师反复要求"不计算，而是估计"，但所有的学生仍是一脸茫然。"老师，什么是估算呀？"一名学生按捺不住心中的疑问，站起来问。

学习,经验的改造与重组!二年级的学生,以前基本没有接触估算,生活中也很少用到估算。在学生对估算没有感性体验的基础上,强行让他们估算,也难怪学生置若罔闻,即使教师反复强调,也是选择自己熟悉的口算和笔算。

因此,估算教学要走出如上困境,首先应在教材要求和学生经验之间架设一座桥梁,给估算以支点,让学生自然而不生硬地明白什么是估算,怎样去估算。下面是我们思考后的一次尝试。

[片断一]猜一猜,唤醒估算的经验

出示:计数器个位上的数字都被遮住了(图2-31),你能回答下面的问题吗?

1. 两个数的和会比60小吗?

2. 两个数的和会比80大吗?

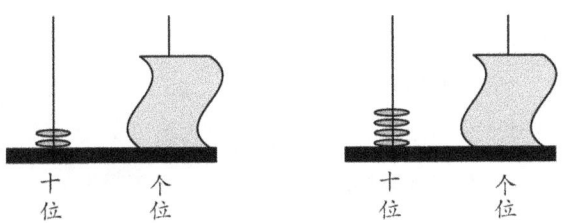

图2-31

教师指导学生读题后,问:谁能说说自己的想法?

生:这两个数的和比60大,比80小。

师:你是怎么想的呢?

生:因为第一个数是20多,第二个数是40多。20多加40多就是60多了,比60大。

生:我补充一点,第一个数最小是20,第二个数最小是40,20加40最小是60,不会比60小。

师:和会比80大吗?

生:不会。因为20+40=60,它们个位上只有都是10,才会是80,所以不可能比80大。

生:可以把第一个数看成30,把第二个数看成50,30+50=80。怎么也不会比80大。

师:孩子们,你们的想法很好。其实,像这样不通过计算去解决问题就是估算。(板书课题)

[片断二]算一算,诱发估算的意识

出示:妈妈带100元钱去商店买下列生活用品。钱够吗?

薯片	牛奶	面巾纸	饼干	牙膏	肥皂	牙刷	洗洁精
9元	28元	8元	10元	7元	4元	8元	10元

师:钱够吗?你是怎么想的?

生:够。

生:我也认为够。我是先把28+10+10=48,100-48比50大,所以够。

师:为什么100-48比50大,你就觉得够呢?

生:因为剩下的5种商品每件都没有超过10元,5件就不会超过50元。所以够。

师:他的话中有一句很关键,谁听出来了?

生:他说"剩下的5种商品都没有超过10元,5件就不会超过50元"。

生:这5个数都只有个位,所以都比10小,合起来就比50小。

师:大家说得真棒!现在,请跟老师一起回顾整理思路。

出示:

薯片	牛奶	面巾纸	饼干	牙膏	肥皂	牙刷	洗洁精
9元	28元	8元	10元	7元	4元	8元	10元
10元	30元	10元		10元	10元	10元	

师:把9元看作10元,28元看作30元,8元看作10元……这样就有7个10元,也就是70元,再加上牛奶30元,也就是100元,所以带的钱够。明白了吗?

生:明白了。

师:同桌之间相互说一说。

(学生同桌之间互相说)

师:现在老师还有一个疑问。9元很接近10元,我们把它看作10元,老师能够理解;28元很接近30元,把它看作30元,老师也能够理解;8元很接近10元,把它看作……

一名学生打断教师的话:老师,我知道你有什么疑问。你就是觉得怎么把4元也看作10元。(教师高兴地向他竖了一个大拇指)因为不看作10元,就不是100元。

师:不是100元,是90元也可以说明钱够呀!

生:看成10元,算起来简单。

师:看作0元不好吗? 更简单,加都不用加。

生:老师。买东西看够不够,我们在这里要多算进去6元,如果少算4元,可能还会不够。

师:我现在分别要买一个8元和4元的东西,我把8元看作10元,把4元看作0元,只要10元就够。结果是8+4=12,需要12元。这样就不够了。你说的是这个意思吗?(该生点头表示肯定)像这样的情况,我们一般要往大里估。

[片断三]做一做,积累估算的经验

出示:从三个班里选90名学生参加团体操表演(图2-32),够吗?

图2-32

师:谁来说一说图中的信息?

生:二(1)班有32人,二(2)班有35人,二(3)班有37人。要从三个班里选90名学生参加团体操表演,够吗?

师:够不够呢? 你是怎么想的?

生:够。把它们都看成30,30+30+30=90,所以够。

师:有不同意见吗?(学生的手都放下了)老师有一个疑问,把32看作30,老师理解,因为32更接近30;把35看作30,老师也理解,因为35既接近40,也比较接近30;可是37更接近40呀,为什么看成30呢?

生:看成30都够了,看成40不也够了吗?

师:为何不看成20呢?

生:假如三个班都是29人,29很接近30,我们都看成30,估出来够。其实还差3个人。这里要把人数看少一些。

……

正如前文所说,六、七岁的儿童在生活中可能有一些估算的体验,但这种体验是肤浅的、是零星的、是若隐若现的,并没有上升为经验。二年级的学生并不知道估算为何物,更不可能认为估算简单一些,这样估算的经历和体验就处在劣势地位,不容易被学生所觉察,因此也很难被调动。有鉴于此,教师创设了一个"逼"着学生去估算的、直观的情境。如图2-36,第一个计数器的十位是2,第二个计数器的十位是4,这两个数的和有可能比60小吗?有可能比80大吗?显然,前者是"逼"着学生往最小的方向去想,后者是"逼"着学生往最大的方向去想;第一个数最小是20,第二个数最小是40,就算它们最小,那和也应该等于60,不可能比60小;同样的道理,也不可能大于80。"最小看作多少""最大看作多少",实质就是估算。至此,教师虽然没有给估算下定义,但由于上述两个问题在学生的最近发展区内,学生"跳一跳就能摘到果实",因此估算的意义和内涵在体验中、在问题的解决过程中,如润物之春雨,濡染在学生的心头。

给学生一个支点,学生能撬动整个地球。清楚了什么是估算,怎样去估算,学生在面对估算的情境时,就不再是茫然无绪,盲人摸象,相反就表现得有板有眼了。

让体积单位拥有度量的实际意义

教学中常见这种现象,虽然教师千叮咛万嘱咐,但学生计算之后,仍然忘记在得数后面写上单位。导致这一情况的因素固然很多,但一个重要的原因是,在学生的潜意识中,长度单位、质量单位和所有其他单位一样,没有什么区别,都是数字后面的后缀词,没有任何现实意义。如何扭转学生的这种错误观念?如何帮助学生体会度量单位的实际意义?我们以"长方体的体积"(北师大版《数学》五年级下册)为例进行了尝试。

[片断回放]

出示一条线段(图2-33)。

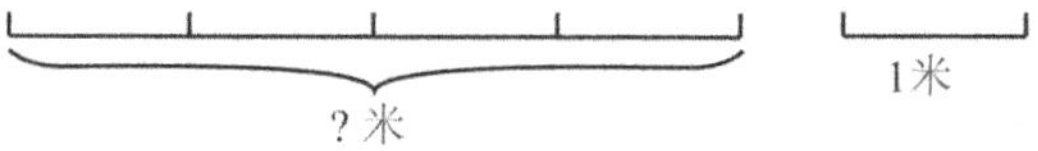

图2-33

师:有几米?你是如何知道的?

生:4米,用1米的米尺量了4次。

师:(出示一个长方形,如图2-34)长方形的面积是多少?你又是如何知道的?

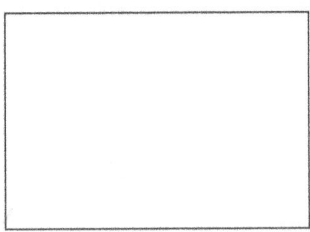

图 2-34

生:12平方分米,因为用面积为1平方分米的正方形去度量,度量了12次(图2-35)。

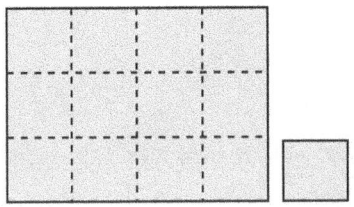

图 2-35

师:(出示长方体,如图2-36)长方体的体积是多少?要想知道长方体的体积,你有什么好的建议?

图 2-36

生:用体积单位去度量。

师:能具体说说吗?

生:选择一个体积单位,这个长方体比较大,我觉得选棱长为1分米的正方体比较合适。用棱长为1分米的正方体去摆,能摆多少个这样的正方体,长方体的体积就是几立方分米。

师：同学们听明白了××同学的意思吗？同学们的课桌抽屉中都有一个这样大的长方体，并且还有一些棱长为1分米的正方体。请同学们动手摆一摆，看长方体的体积究竟是多少。

学生自主摆，教师巡视，寻找典型摆法，然后组织学生交流。

生：我是这样摆的，首先沿着长摆了4个，然后这样摆了2排，接着摆了这样的3层，一共用了24个边长为1分米的正方体（图略）。我觉得长方体的体积应该是24立方分米。

生：我的摆法和他的有点不同，我虽然也是先长摆4个、摆2排，这样摆了1层，但第2、第3层我就没有这样摆了，我都只摆了1个，我觉得这样也可以看出摆的是3层（图略）。

师：同学们理解他的意思吗？他实际上是说长方体的什么可以看作层数？

生：长方体的高。长方体的高是几，就可以看作长方体摆了几层。

师：那么，还能不能用更少的棱长为1分米的正方体方块摆出体积是24立方分米的长方体呢？

（学生沉思，不一会儿有学生举手）

生：我觉得第一层也不需要严严实实地摆，只需要这样横着摆一排（图2-37），竖着摆一排，垂直的摆一排，这样摆只需要7个小正方体就够了。

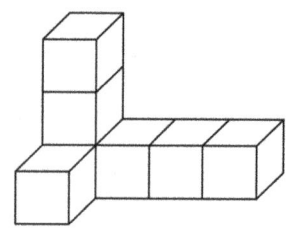

图2-37

师：谁听懂了他的意思？这样摆是一个长方体吗？

生：这样摆表面上看不像一个长方体，但如果加上想象，我们头脑中还是会出现一个虚拟的长方体。（CAI课件随着学生的讲述，勾勒出长方体）这个长方体的长是横着摆的正方体的个数，宽是竖着摆的长方体的个数，高是垂直摆的长方体的个数。

师：换句话说，长方体的长表示——（一排可以摆多少个正方体）宽呢？（摆了这样的几排）高呢？（一共摆了几层）

师：那么，你们想一想，长方体含有多少个体积单位，也就是长方体的体积与什么有关？可以怎样算？

生：长方体的体积与长方体每排正方体的个数、排数和层数有关。我觉得长方体的体积公式应该是长×宽×高。

（板书：长方体体积＝长×宽×高）

师：长方体体积＝长×宽×高，究竟是不是这样呢？我们还应该验证。怎样验证，同学们有没有好想法？

生：任意摆几个长方体，看长方体的体积是不是等于"长×宽×高"。

（学生自主摆长方体，填实验表，略）

追根溯源，在类迁移中让学生领略度量单位的实际意义，这是我们力求有所突破的地方。具体地说，课一开始，执教者就从长方体体积这一具体的教学任务中跳离出来，将长方体体积公式的教学提升到"度量"的高度，进而与线、面的度量统一到一起，不仅顺利地帮助学生实现了迁移，更重要的是，让学生体会到线、面、体的测量其实质是一样的，都是用相应计量单位去度量，有几个计量单位，其数量就是几。至此，体积单位的实际意义不用教师说，就深深地活化在学生的心头。

不仅如此，上述教学同时很好地解决了这样一个困惑：既然度量体积应该用体积单位，那么为什么实际生活中度量长方体的体积却是长方体的长、宽、高呢？这些度量的都是长度啊。

上述教学突破这一困惑非常巧妙。当学生提出用体积单位度量长方体的体积时，教师顺水推舟，让学生自主摆棱长为1的正方体。结果，学生的"摆"呈现三种水平：局限在直观操作水平；形象的、本质属性的成分虽然在增加（学生对高的意义已有所了解），但仍局限在形象水平；在对长方体长、宽、高内涵理解的基础上，达到了初步的本质抽象水平。教师有步骤、有计划地对这三种水平依次展示交流，从而为所有学生进一步深化理解长方体长、宽、高的意义提供了契机和可能。有了这样的理解，学生自然能够明白长方体"长×宽×高"就表示这个长方体一共含有多少个棱长为1的正方体，度量长方体的长、宽、高相当于间接了解"长方体一共含有多少个体积单位"，这样用体积单位去度量就转化为只需用长度单位去测量。

这里要特别补充说明的是，对学生操作三种层次的展示交流，同时也是对学生空间观念的发展提升——在展示交流中，学生头脑中的长方体"由直观，而形象，最后抽象"，空间图式拾级而上，空间想象能力一步一步地得到了提高。

三角形高的生长点究竟在哪里

三角形的一个顶点到对边的垂直线段是这个三角形的高。由于一个平行四边形可以分成两个三角形,而且平行四边形任意一个顶点到对边的垂直线段正好也是该平行四边形的高,这给很多教师这样的印象:"三角形的高"这一知识的生长点是"平行四边形的高"。有意无意地,"三角形的高"的内容正好编排在平行四边形的内容之后,这更加深了教师的这一种感觉。事实上,这一感觉不能说是不对的,因为如果学生掌握了平行四边形高的画法,确实有利于学生掌握三角形高的画法。

不过,对"三角形的高"这一知识的生长点,我认为可以更进一步,即三角形高的画法可以转化成"过直线外一点画已知直线的垂线"的方法。这样做至少有三点好处。

1. 有利于学生理解一些核心知识,如能帮助学生理解顶点和它对应的边。当学生有了"三角形的高的实质是过直线外一点画已知直线的垂线"这一认识后,只需借助现代多媒体技术的帮助,将"三角形"闪烁成"线段和线段外一点"(图2-38),那么"顶点""顶点对应的边""过这一点画对边的垂线"等核心知识点就纲举目张、一拎百顺了。

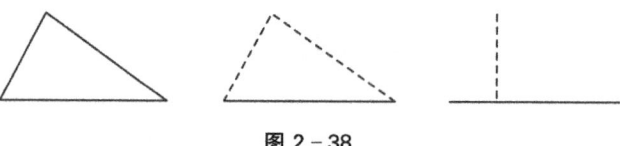

图 2-38

2. 有利于避免先前学习对当前学习的消极影响。教过这一章节的教师都知道,画三角形一边上的高,学生常常出现这样的错误(图2-39)。

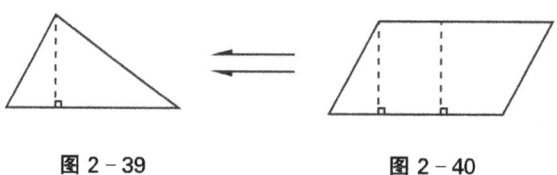

图 2-39　　　　　图 2-40

这一方面是因为学生没有理解"底边"和"它对应的顶点",另一方面是不是也有先前学习对当前学习的消极影响?如图2-40,学生在学习平行四边形高的时候,教师经常强调"平行四边形边上任意一点向对边画的垂线都是平行四边形的高"。既然平行四边形高的顶点可以随意移动,自然而然,学生认为从顶点向下滑一点画的也是三角形的高。

3. 有利于学生知识从增厚向炼薄转化。华罗庚认为,读书有几个层次,第一个层次是读死书,死读书,书越读越厚,头脑中记忆的东西越来越多,最后头脑成了知识的集散地。因此,善于读书的人总是在理解的基础上,总结概括,去粗取精,去芜存菁,把书越读越薄。老子也认为,看书首先应该是广采厚积,织网生根(增厚),在此基础上,就要去粗取精,弃形取神(炼薄)。显然,相比于将三角形的高的生长点附着于平行四边形的高上,将三角形的高的生长点附着于"过直线外一点画已知直线的垂线",应该说更把握住了知识的源头,更抓住了知识的本来面目。

在已有知识体系上认识分数

分数有两个身份:表示部分与整体的比;表示具体的数量。教过高年段的教师都有体验。"3米长的绳子,平均分成5段,每段长是这根绳子的几分之一?"这样的题单独出现在学生的面前,学生的正确率非常高。"3米长的绳子,平均分成5段,每段长多少米?"学生的正确率也不低。但是,如果将这两题合二为一:"3米长的绳子,平均分成5段,每段长是这根绳子的( );每段长( )米。"学生的正确率就大为降低。

其中原因,不能简单地归结为对分数意义的不理解!道理很简单,大多数学生能在具体的情境中准确说出分数的意义;也不是学生不懂数量关系,在教学小数除法后,学生就会做这样的题目:3米长的绳子,平均分成5段,平均每段长0.6米。

那么,问题究竟出在哪儿?仔细分析,不难发现,学生对这类题感到困惑的根源在于:学生没能很好地区分分数的两种身份——分数既可以表示比值,也可

提大问题，做大气的数学教师 >>>

以表示具体数量。尤其是后者，学生的认识尤其不清晰。

这和教材的编排体系有关。众所周知，分数是通过"平均分"进入学生视野的。"把一个物体平均分成几份，表示这样的一份或几份的数"就是分数。乍一看，"表示这样的一份或几份"既包含了部分和整体的关系，又暗指"一份或几份的大小"。究竟指"数"还是指"部分和整体的关系"？别说学生不明白，教师估计心底也有些迷糊。

因此，如何让分数的两种身份在学生头脑中不再相互干扰？我觉得关键是在分数的认识的起始阶段就能把对分数的认识自然地融入已有的知识体系中，进而能自觉地对分数的两个身份进行沟通。下面是一位教师的尝试。

1. 认识单位"1"

（课件出示：⬤）

师：认识吗？

生（齐）：月饼。

师：能把这1个月饼看做单位"1"吗？

生：能。

师：把1个月饼看做单位"1"，那么下面的这些月饼，又该用哪个数来表示呢？

（课件出示：⬤⬤⬤⬤⬤）

生：可以用5来表示。

生：每个月饼看做单位"1"，有5个这样的单位"1"，就可以用5来表示。

（课件出示：⬤⬤⬤）

师：现在呢？

生：可以用3来表示。

（课件出示：⬤）

师：现在呢？

生：现在只能用1来表示，因为只有1个单位"1"了。

（课件出示：◕）

师：那现在呢？

生：用 $\frac{3}{4}$ 来表示。

师：奇怪，同样都是月饼，为什么刚才大家用整数来表示，而现在却选择了分数？

生：因为刚才不止1个月饼，所以用整数来表示，现在还不满1个月饼，只能用分数表示。

生：把1个月饼看做单位"1"，满几个单位"1"就要用几来表示。现在还不满1个单位"1"，当然只能用分数来表示了。

师：有道理，不过，分数有很多，这一回大家为什么都选择用 $\frac{3}{4}$ 来表示呢？

生：因为它被分成了4份，取了其中的3份。

生：不对，是平均分成了4份。

师：更准确了！不过，你们在说谁呀？

生：是这个月饼。

师：也对，但还不够专业。

生：是单位"1"。

师：没错。这回呀，不但不到1个单位"1"，而且还把单位"1"——

生：平均分成了4份，取了其中的3份，当然只能用 $\frac{3}{4}$ 来表示。

师：回顾刚才的学习，同学们一定已经发现，把1个月饼看做单位"1"，有几个单位"1"，就是几；而不是一个单位"1"的，就可以用分数来表示。

2. 构建 $\frac{3}{4}$ 的意义

(课件分别出示图2-41)

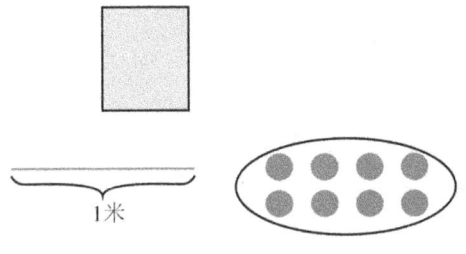

图2-41

师：继续来看，认识吗？

生：1个长方形、1米、8个小圆片。

师：没错，它们也能看做单位"1"吗？

生：能。

师：把1个长方形、1米这样的长度单位、8个小圆片组成的整体分别看做单位"1"，下面的括号里又该分别用怎样的数来表示呢？想不想自己动手试一试？（课件依次出示图2－42、图2－43、图2－44）

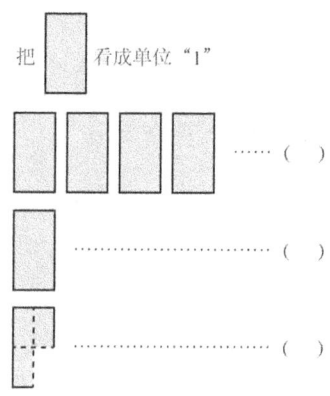

图2－42

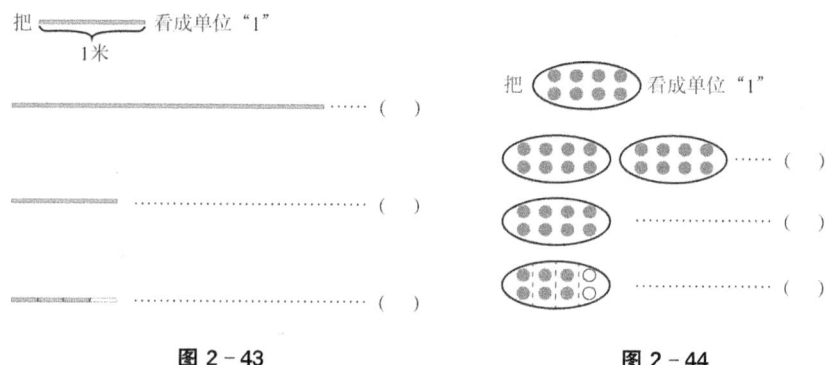

图2－43   图2－44

学生试填，教师巡视并作指导。交流结果时，教师引导学生就每组图的最后一幅，具体说一说思考的过程，丰富学生对 $\frac{3}{4}$ 的感性认识。

师：继续观察这几幅图，如果整体来看一看，你有没有什么新发现？

生：无论把什么看做单位"1"，只要满几个单位"1"，就可以用几来表示，不满一个单位"1"的,只能用分数表示。

生:我还发现,每组图的最后一幅都可以用 $\frac{3}{4}$ 来表示。(顺着学生的发言,教师出示图 2-45)

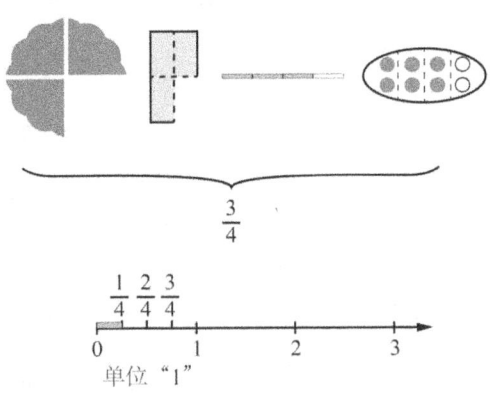

图 2-45

师:这几幅图的形状不同,表示的数量也不相同,怎么都可以用 $\frac{3}{4}$ 来表示呢?

……

新知是旧知的自然衍生和拓展!上述案例中,与众不同的是,执教者不是为了教"分数的认识"而只教"分数的认识"。匠心独具地,执教者看到了分数与自然数"外表"不同背后的相同:表示的都是物体的数量。当我们设定了一个标准后,用这个设定的标准去度量另一个量,如果刚好能量完,就得到了自然数;如果不能,得到的就是分数。分数是对自然数的自然扩展。至此,分数表示一个数,分数表示物体的数量,分数的第一重身份就自然地融入学生的头脑里。"没有什么了不起""原来也就是这样"。于是,分数在学生头脑中就不再显得特别,学生对分数的建构也就不用再另起炉灶。

立足阶段性　着眼统一性

苏教版《数学》六年级上册"分数乘法应用题"是分两步进行的。

首先,分数乘整数。如图 2-46,教材告诉学生做一朵绸花需要 $\frac{3}{10}$ 米绸带,问做 3 朵绸花需要多少绸带。显然,这难不住学生。根据乘法是加法的简便运算的意义,学生很容易整理出 "$\frac{3}{10}+\frac{3}{10}+\frac{3}{10}=\frac{3}{10}\times 3$" 这一算式,并根据 "$\frac{3}{10}\times 3$" 这一算式的意义总结出分数乘整数的计算法则:用分子乘整数的积作分子,分母不变。

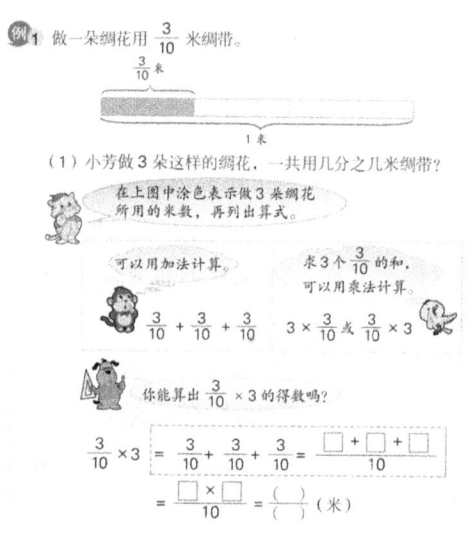

图 2-46

接着,在此基础上,教学例 2:"小芳做了 10 朵绸花,其中 $\frac{1}{2}$ 是红花,$\frac{2}{5}$ 是绿花。红花有多少朵?绿花有多少朵?"解决这一问题,教材提供了两种策略(图 2-47)。1. 根据分数的意义,$\frac{1}{2}$ 是把绸花平均分成 2 份,红花占其中的 1 份,列算式是"10÷2×1";$\frac{2}{5}$是把绸花平均分成5份,绿花占其中的2份,所以算式是"10÷5×2"。2.一种规定。在用第一种策略解题的基础上,教师直接指出求一个数的几分之几也可以用乘法计算。

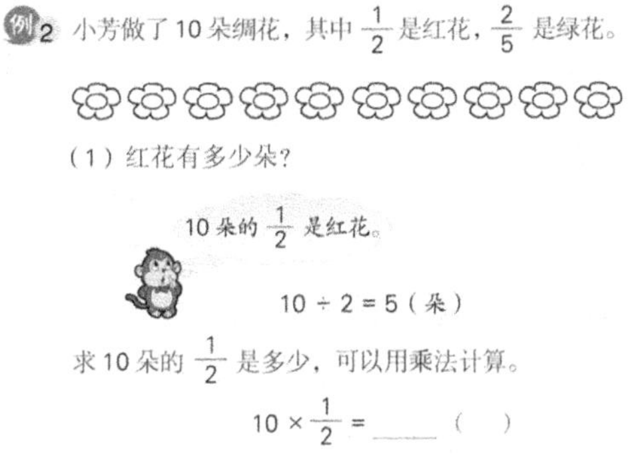

例2 小芳做了10朵绸花,其中$\frac{1}{2}$是红花,$\frac{2}{5}$是绿花。

(1)红花有多少朵?

10朵的$\frac{1}{2}$是红花。

10÷2=5(朵)

求10朵的$\frac{1}{2}$是多少,可以用乘法计算。

$10 \times \frac{1}{2} =$ _____ ( )

图2-47

实事求是地说,这样教学,虽然在结果的比较上多少可以例证乘法列式$\left(10\times\frac{1}{2}\right)$的可行性与正确性,但这种不完全归纳法总让人有"机缘巧合"之感。

是啊!明明有乘有除(10÷2×1),怎么就变成了只乘$\frac{1}{2}$?难道真的仅仅是一种数字魔术?虽然部分教师也尝试引导学生从算式的表述上去理解。如"$10\times\frac{1}{2}$"既可写作"$10\times\frac{1}{2}$",还可写作"$\frac{1}{2}\times 10$",所以"$10\times\frac{1}{2}$"既可表示10个$\frac{1}{2}$相加,还可表示10的$\frac{1}{2}$是多少。反过来,"10的$\frac{1}{2}$是多少"列算式就是"$10\times\frac{1}{2}$"。但这有点像绕口令,而且需要经过多次转换。最关键的是,以上论述有循环论证的嫌疑,即用一个未曾学习的结论$\left(\text{"}10\times\frac{1}{2}\text{表示10的}\frac{1}{2}\text{是多少"这样的题课本上此前没有直接出现过}\right)$来证明另一个未曾学习的结论$\left(\text{"10的}\frac{1}{2}\text{是多少"列算式就是}10\times\frac{1}{2}\right)$。

学生的学习能否像呼吸一样自然?新知能否是旧知的自然衍生?众所周知,

$10 \times \frac{1}{2}$ 和 10×2 在某种程度上意义是一样的。只不过当倍数大于 1 时,我们就说 10×2 表示 10 的 2 倍;当倍数小于 1 时,就说 $10 \times \frac{1}{2}$ 表示 10 的几分之几。既然如此,整数乘分数能否从"倍"的角度去进行衍生和拓展?下面是我们的实践。

[片断回放]

(CAI 课件出示图 2-48)

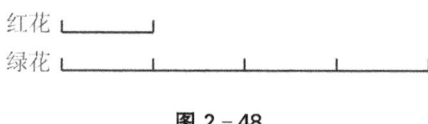

图 2-48

师:看到这个图,你知道了什么?

生:红花有 1 份,绿花有 4 份。

生:绿花的朵数是红花的 4 倍。

生:绿花比红花多 3 倍。

生:绿花和红花一共有 5 份。

(补充条件,如图 2-49)

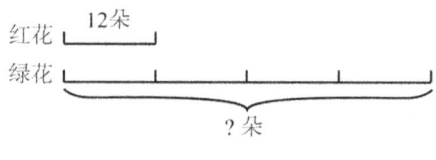

图 2-49

师:现在,你能提出什么问题?

生:红花有 12 朵,绿花是红花的 4 倍,绿花有多少朵?列算式是 $12 \times 4 = 48$ 朵。

(CAI 课件闪烁增添黄花,如图 2-50)

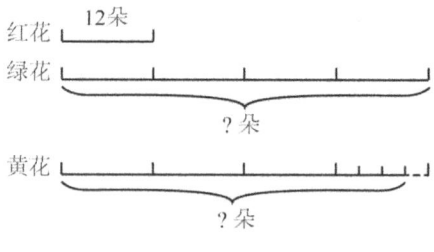

图 2-50

师:现在,你还能提出什么问题?

生:红花有12朵,黄花是红花的$3\frac{3}{4}$倍,黄花有多少朵?列算式是$12×3\frac{3}{4}$。

师:同意吗?$12×3\frac{3}{4}$没学过,怎样计算?

生:因为$3\frac{3}{4}=3.75$,所以$12×3\frac{3}{4}=12×3.75=45$朵。

生:12的$3\frac{3}{4}$倍其实可以分成两部分,12的3倍与12的$\frac{3}{4}$。12的3倍等于$12×3=36$,$12×\frac{3}{4}=9$,所以$12×3\frac{3}{4}=45$。

师:他刚才说12的$3\frac{3}{4}$倍可以分成哪两部分?

(随着学生的回答,光标闪烁显示)

师:哪一部分我们已经学过?

生:12的3倍我们已经学过,等于$12×3=36$。

师:现在要解决哪一部分?

生:12的$\frac{3}{4}$是多少?

师:12的$\frac{3}{4}$是多少怎样计算?

生:$12÷4×3=9$。12的$\frac{3}{4}$是把12平均分成4份,取其中3份,所以列算式是$12÷4×3=9$。

生:我觉得还可以直接用$12×\frac{3}{4}$计算。

师:为什么?

生:刚才我们已经讨论了,12的$3\frac{3}{4}$倍其实可以分成两部分:12的3倍与12的$\frac{3}{4}$。既然12的$3\frac{3}{4}$与12的3倍都用乘法计算,那么其中的一部分12的$\frac{3}{4}$也应该用乘法计算。

生：老师，还可以用乘法的分配律去理解。$12 \times 3\frac{3}{4} = 12 \times \left(3 + \frac{3}{4}\right) = 12 \times 3 + 12 \times \frac{3}{4}$。

师：两位同学回答得都很好。其实，求一个数的几倍和求一个数的几分之几的意义是一样的，都是求的倍数关系。只不过当倍数大于1时，我们就说谁是谁的几倍；当倍数小于1时，我们就说谁是谁的几分之几。所以，它们都应该用乘法计算。

……

教学的高度实质是教材解读的高度！这在上述案例中得到了很好的体现。具体地说，正如大家知道的，一个数的几倍是多少要用乘法计算。基于此，12的$3\frac{3}{4}$倍当然用乘法计算。而$12 \times 3\frac{3}{4}$事实上包括两个部分：12的3倍与12的$\frac{3}{4}$。既然整体$\left(12 \times 3\frac{3}{4}\right)$与其中一部分（12的3倍）是用乘法计算，依此类推，剩下的那一部分12的$\frac{3}{4}$当然也应该用乘法计算。由于12的$\frac{3}{4}$还可以理解成把12平均分成4份，取其中的3份，因此$12 \times \frac{3}{4}$当然也可以这样计算：$12 \times \frac{3}{4} = 12 \div 4 \times 3 = 3 \times 3 = 9$。这样，乘法算式和分数的意义在这里自然地就实现了统一。

但匠心不止于此！众所周知，"乘法意义"在不同阶段有不同的含义。首先，"几个"是"几倍"的特例；当得不到整数倍时，就出现了小数倍，这时"几点几"是"几倍"的一种特例，"乘法意义"在这里得到了第一次拓展。接着，"一个数的几分之几"也是"一个数的几倍"的特例。当不到1倍时，我们就习惯于说"几分之几"，而不说"几倍"。可见，"几倍"与"几分之几"只在说法上有所不同，本质上却是一样的。而学习了百分数之后，"几倍"和"几分之几"又都可以用百分数来表示。"乘法意义"不同阶段的不同含义最终又实现了融合。

立足阶段性，着眼于统一性。上述教学的意义正在于此，用倍铺陈出本节课要学习的内容"一个数的几分之几是多少"，不仅顺利解决了"用乘法计算算理"的问题，更为关键的是，将几分之几置于"倍"这样一个大的知识背景中，既是对"乘法意义"的一次拓展，也为以后乘法意义"向下兼容"预留了空间。而这正是以上案例朴实无华但又耐人咀嚼的地方。

数学教学也要尊重文本自身的价值导向

一个商人临死前准备将自己 11 匹价值连城的骏马全部留给他的三个儿子。于是,他立下遗嘱:11 匹马中的一半分给长子,$\frac{1}{4}$ 分给次子,$\frac{1}{6}$ 分给小儿子。看到这份遗嘱,大家都有点手足无措。11 匹活生生的骏马怎么能分成相等的两份?抑或 4 份? 6 份?无奈之下,儿子们请来阿凡提。阿凡提牵来一匹马,把自己的马与商人的马合在一起,然后将 12 匹的一半(6 匹)给了老大,$\frac{1}{4}$(3 匹)给了老二,$\frac{1}{6}$(即 2 匹)给了老三。6 加 3 再加 2 正好是 11 匹。至此,在众人惊羡的目光中,阿凡提顺利解决了分马的难题。

如今,这一经典故事也被引入教材(北师大版《数学》六年级上册)。从教材编排来看,教材引入这一故事是为了引导学生从比的角度解决问题:老大、老二、老三分别分得老人全部马的 $\frac{1}{2}$、$\frac{1}{4}$、$\frac{1}{6}$,也就是老大、老二、老三分得的马的数量比是 $\frac{1}{2} : \frac{1}{4} : \frac{1}{6}$,化简得 6:3:2。这样,这些马一共被分成了 6+3+2=11 份,每份是 11÷11=1 匹。因此,老大分得 6 匹,老二分得 3 匹,老三分得 2 匹。

匠心别具,曲径通幽!的确,从比的角度切入,表面看来确实能够化繁为简,就易避难。但在实际教学中,却很容易陷入困顿,集中表现在教学中很容易只"关注知识",却"懈怠了智慧"。这是因为,实际教学中这道题几乎都是用两步解决的:创设情境,让学生自主尝试;在学生用分数的意义尝试无果后,教师引导学生从比的角度去思考。而这就凸显了一个问题,集中表现在学生并不觉得阿凡提的分法合理。因为根据遗嘱,老大、老二、老三分别应分得 11 匹马的 $\frac{1}{2}$、$\frac{1}{4}$、$\frac{1}{6}$,而阿凡提却变成分 12 匹马的 $\frac{1}{2}$、$\frac{1}{4}$、$\frac{1}{6}$。显然,这里阿凡提偷换了"单位 1",进而也就更改了老人的遗嘱。附带地,也对按比例分配的方法提出了质疑:明明大儿子、二儿子、三儿子只应分得 $5\frac{1}{2}$ $\left(11\times\frac{1}{2}\right)$ 匹、$2\frac{3}{4}$ $\left(11\times\frac{1}{4}\right)$ 匹、$1\frac{5}{6}$ $\left(11\times\frac{1}{6}\right)$ 匹,而按 $\frac{1}{2}:\frac{1}{4}:\frac{1}{6}$ 的比例分配后,三人却实际分得了 6 匹、3 匹、2 匹。按比例分配与按分数的意义求得的结果不一致,这是为什么?不求甚解的情况下,学生难免会对阿凡提的智慧提出质疑:阿凡提分马不是异想天开,可能只是蒙混他人——不经老人的同意,擅自更改老人的遗嘱!而这显然背离了文本的价值导向!

不仅要关注知识,同时也要尊重文本自身的价值导向!而这,即使是数学课,二者也不可偏废!既然如此,那么如何实现"按比例分配"与"赞美阿凡提过人的智慧"二者的兼得呢?我认为,方法并不复杂,只需引导学生洞察这样一个基本事实:原来的遗嘱提出的分配比数相加不为 1,实际上,只有 $\frac{1}{2}+\frac{1}{4}+\frac{1}{6}=\frac{11}{12}$。这就决定了如果用宰杀马匹的方法来执行遗嘱的话,就会余下 $\frac{11}{12}$ 匹马$\left(\text{即一匹马的} \frac{11}{12}\right)$。

事实上,如果到此为止,也可算完成了老人的遗嘱。但如果尊重老人的本意——将自己 11 匹价值连城的骏马全部留给三个儿子,那么多出的 $\frac{11}{12}$ 匹马仍然要继续分下去,以老大为例

	老大	老二	老三
第一次	$\frac{11}{2}\left(\frac{11}{2\times 12^0}\right)$	$\frac{11}{4}$	$\frac{11}{6}$
第二次	$\frac{11}{2\times 12^1}$	$\frac{11}{4\times 12}$	$\frac{11}{6\times 12}$
第三次	$\frac{11}{2\times 12^2}$	$\frac{11}{4\times 12^2}$	$\frac{11}{6\times 12^2}$
第四次	$\frac{11}{2\times 12^3}$	$\frac{11}{4\times 12^3}$	$\frac{11}{6\times 12^3}$
……	……	……	……
第 n 次	$\frac{11}{2\times 12^{n-1}}$	$\frac{11}{4\times 12^{n-1}}$	$\frac{11}{6\times 12^{n-1}}$

显然,老大依次分得的马是一个比值为 $\frac{1}{12}$ 的等比数列,经过 n 次分配后,老大分得的马之和为: $S_n = \frac{11}{2\times 12^0} + \frac{11}{2\times 12^1} + \frac{11}{2\times 12^2} + \frac{11}{2\times 12^3} + \cdots + \frac{11}{2\times 12^{n-1}}$。

当 n 无穷大时:

$$\lim_{n\to +\infty}\left(\frac{11}{2\times 12^0} + \frac{11}{2\times 12^1} + \frac{11}{2\times 12^2} + \frac{11}{2\times 12^3} + \cdots + \frac{11}{2\times 12^{n-1}}\right)$$

$$= \lim_{n\to +\infty}\frac{\frac{11}{2}\left(1-\frac{1}{12^n}\right)}{1-\frac{1}{12}} = \lim_{n\to +\infty} 6\left(1-\frac{1}{12^n}\right) = 6\lim_{n\to +\infty}\left(1-\frac{1}{12^n}\right)$$

$$= 6\times\left(1-\lim_{n\to +\infty}\frac{1}{12^n}\right) = 6\times(1-0) = 6(匹)。$$

同理可推得老二、老三各应分得 3 匹、2 匹骏马。

表面看来,上述的解法有些复杂,涉及的知识如等比数列求和与极限思想也超出了小学生的知识范围,但阿凡提和按比例分配的方法的意义正在于此。事实上,当学生隐隐约约地感受到老大、老二、老三分得的马不止 $5\frac{1}{2}$、$2\frac{3}{4}$、$1\frac{5}{6}$ 匹,并且觉得上述方法非常繁琐的时候,教师就可顺水推舟,引导学生联系最近学过的知识想一想。山重水复疑无路,柳暗花明又一村。当学生用按比例分配的方法获得问题的解决,学生的那份惊喜、那份挫折后的喜悦以及对用按比例分配方法的合理性的确信,无疑是没有经历上述探索难以比拟的。

更为关键的是,只有经历了上述探索,学生才能隐隐约约地感触到遗嘱与老人本意相矛盾的地方,进而品评到阿凡提的睿智。个人以为,阿凡提或者说故事最吸引人的地方,正突出表现在阿凡提在很短的时间内就洞察了"遗嘱与老人本意自相矛盾的地方",并戏剧化地创设了一个情境,提出了一个解决方案,既尊重了老人的本意,又让人们折服在他"异想天开"的妙想中,沉浸在欲辩却不得的欲求里。

教学的高度实质是文本解读的高度

刚参加工作时，始终不明白，美国一个小学教师，为什么至少要有硕士文凭，而且上岗前还要经过专门的岗前培训。直到最近，阅读了一位美国教师执教的"灰姑娘"的案例，我似乎有所体会。

美国教师执教"灰姑娘"，并未如我们想象中的那样，谋篇布局，品词咂句。相反，美国同行只是在一位学生讲述故事后抛出了几个问题：

1. 在这个故事中，你最喜欢谁和最不喜欢谁？为什么？

2. 如果你是辛黛瑞拉的后妈，你会不会阻止辛黛瑞拉去参加王子的舞会？为什么？

3. 辛黛瑞拉的后妈不让她去参加王子的舞会，甚至把门锁起来，她为什么能够去，而且成为舞会上最美丽的姑娘呢？

4. 如果辛黛瑞拉因为后妈不愿意她参加舞会就放弃了机会，她可能成为王子的新娘吗？是谁决定她要去参加王子的舞会？

5. 这个故事有什么不合理的地方？

显然，这几个问题触及了方方面面。问题1与问题2换位思考，让学生体会理解与包容：后妈也许自私，但并不是坏人。问题3说明结交朋友的重要性，每一个成功事件的背后，都有一个团体在支撑。问题4讲述灰姑娘并不因为后妈不愿意让她参加舞会就放弃机会，说明命运要靠自己把握，要爱自己，要多给自己机会。问题5显而易见，是激发学生的自信，让学生具有批判精神。

五个问题，如同让学生经历了五次洗礼。虽然有脱离语言文字的嫌疑，但我们品读名著，又有几人是专门奔着文字去的呢？

相反，"上善若水"，因物赋形。一篇文章只要有了思想，即使平铺直叙，也凛然自成一道风景。正是基于这一理解，所以有人认为，语文教学的高度实质是文本解读的高度。

其实，数学教学又何尝不是如此！以"解决问题的策略——倒着想"（苏教版《数学》五年级下册）教学为例。

什么是策略？《汉典》解释为计策，谋略。《现代汉语词典》解释为讲究斗争艺术，注意方式方法。无论是就《汉典》的解释还是就《现代汉语词典》的解释，我们都可以清晰地感受到一点，策略包含有智慧。不过，与转化、枚举等其他策略相比，逆推问题由于解题思路比较明晰，解题程序比较单调，在学生很容易获得答案的情况下，学生很难体会到逆推策略的独特意义与价值。

特别地，教材编排的 2 个例题，例 1 是借助直观的倒水过程，体验"倒过来推想"的思考方法（图 2-51）。

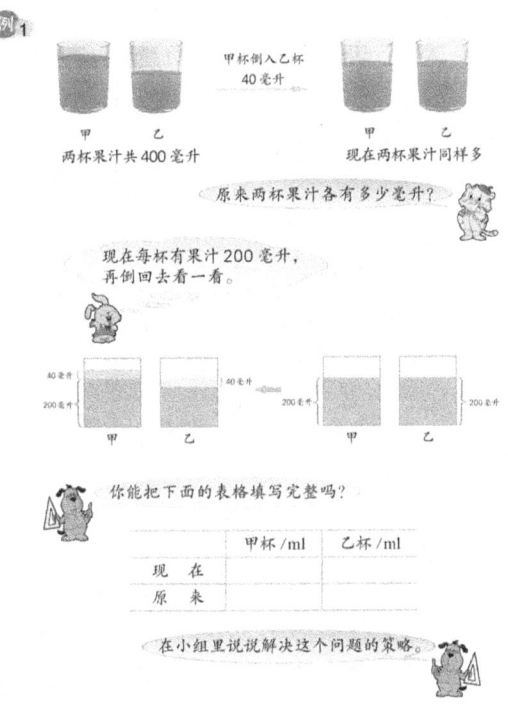

图 2-51

而例 2 则借助典型的倒过来推想的过程，进一步加深对使用这一策略的认识和体会（图 2-52）。

显然，两者都侧重于解题的经历及相关的技巧、方法，而对逆推策略的意义与价值挖掘程度不够。因此，怎样让策略下问题的解决不成为学生学习的唯一？怎样让学生学习的着眼点不仅仅停留在解决某一问题、获得某一结论或答案的层面？怎样让学生深刻地感受逆推策略的特定智慧与价值？这些就成为提升教学内核所必需的一种考量。而这首先需要做的是丰富、完善知识衍生、伸展的实例2 小明原来有一些邮票,今年又收集了24张。送给小军30张后,还剩52张。小明原来有多少张邮票?

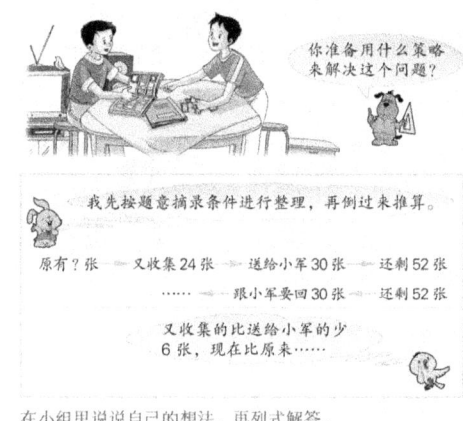

你准备用什么策略来解决这个问题?

我先按题意摘录条件进行整理,再倒过来推算。

原有?张 —— 又收集24张 —— 送给小军30张 —— 还剩52张

…… —— 跟小军要回30张 —— 还剩52张

又收集的比送给小军的少6张,现在比原来……

在小组里说说自己的想法,再列式解答。

图 2-52

际背景。鉴于此,一位教师对教材作了如下补充。

师:同学们喜欢做游戏吗?做游戏要遵守游戏的规则,看了下面这一段文字,你觉得游戏的规则是什么?

下面是某数字迷宫平面图(部分)(图2-53),只有相邻的2个数字之和是3的倍数时,才能从它们中间通过。

④ ⑤ ④ ⑦ ② ③ ④ ③
⑨ ⑧ ④ ⑨ ⑧ ① ⑥ ⑥
⑤ ② ⑦ ① ⑤ ③ ⑤ ③
④ ① ② ② ③ ② ④ ②
⑨ ⑥ ① ⑦ ⑥ ③ ⑨ ③

图 2-53

生:相邻的2个数字之和是3的倍数时,就能从它们中间通过。

师:相邻是什么意思?

生:挨着的。

师:能不能结合这个图具体地说一说?

生:比如说,第二排这个3,它相邻的数是1、1、7、8。

师:这里的4和3相邻吗?

生:不相邻。

师:2呢? 用你的话,相邻也就是指这个数哪几个方位的数?

生:前后左右的数。

师:"数字之和是3的倍数时,才能从它们中间通过"是什么意思? 能不能也像刚才一样结合一个具体的例子说一说?

生:以第二排的"8"为例,8和左边的9加起来等于17,17不是3的倍数,所以不能从它们中间通过。而8和上面的4加起来等于12,12是3的倍数,因而可以从它们中间通过。

CAI课件将迷宫图补充完整(图2-54)。

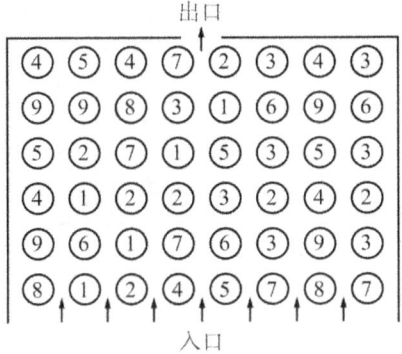

图2-54

师:这个迷宫图有7个入口和1个出口,同学们,如果你们是游戏中的小朋友,看了这个平面图后,你会选择从哪个入口进去,走怎样的路线顺利通过迷宫? 给大家3分钟的时间,大家尝试着找一找。

学生自主尝试。

师:时间到,有没有同学找出来? 为什么没有找出来,你遇到了什么麻烦吗?

生:迷宫的入口太多,不知道到底应该从哪一个口进去。有时进去了半天,走着走着却发现路不通了,又要重走。

师:是啊。入口太多,一个一个试就太麻烦了。有没有什么好办法一次就能迅速、准确地找到正确的路线?

(学生沉思,半分钟后有学生举手)

生:我知道了,如果有一条路能顺利到达出口,那么沿着出口一步一步倒回来,一定能找到原来的起点。

师:他说的是什么意思?有没有同学听明白?

生:他说的意思是反过来想:把出口当作入口,按照游戏中的规则反过来走(图2-55),是3的倍数就通过,不是3的倍数就不走。一步一步倒回去,就能找到那个正确的入口。这个倒回去的路线就是我们要找的正确的路线。

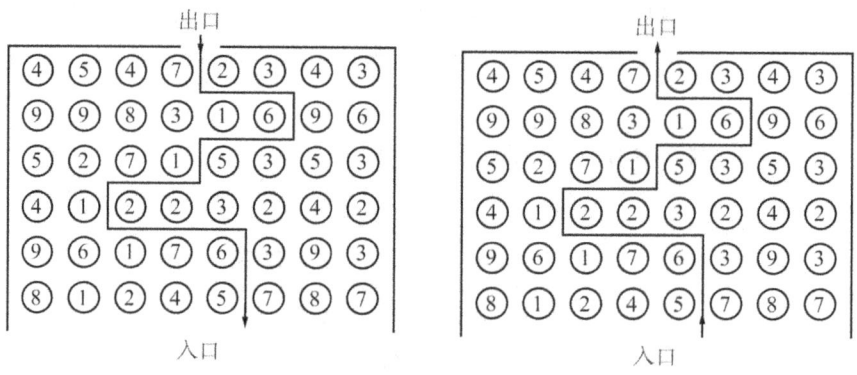

图2-55

师:是不是这样?好,同学们按照他说的这个方法试一试。

(学生大都顺利找到了答案)

师(小结):像这样,从所求问题出发,倒着想,回到已知条件思考问题的方法,就叫做逆推法。其实,不仅游戏中,更多地在同学们的数学学习中,很多题目如果运用逆推法去思考,可以起到化难为易,化繁为简的效果!

学习,不仅仅只是答案的获得!课一开始,教师就补充了一个复杂的、富有挑战性的问题情境——如何顺利通过迷宫?显然,这题如果采用正向思维会很麻烦,正如课例中呈现的,学生尝试了很多次都没能使问题得到解决。但如果换一个思路,反过来想,从出口往前推,只需一次就会找到正确的答案。山重水复疑无路,柳暗花明又一村。在强烈的对比中,学生深刻地感受到了逆推策略的独特性,以及逆推策略的意义和价值。

是思想同时也是思路!"如何顺利通过迷宫"带给学生的不仅仅是智慧上的震撼,同时也是方法上的启迪。"在刚才找入口的过程中,什么变了?什么没变?"这里除了提醒学生逆推问题的解题思路(倒过来推想)外,更多地是在暗示学生用逆推整理事件发展变化过程的重要性。而"7个入口,1个出口"的情境则润物无声地彰显了逆推问题的问题结构,即知道事物或数量发展、变化后的结果,追溯它的起始状态。

教学的高度实质是文本解读的高度!"问题分析—策略提炼—反思建构—策略应用",学生经历的是一个策略产生、提炼、建构、应用的完整过程。在这个过程中,正如前文所说,逆推策略的解题思路、逆推策略的问题模型,逆推策略变与不变的内隐结构,逆推策略举重若轻、化繁为简的价值与意义,在情境的跌宕起伏中深深地镌刻在学生的心头。

第三章
读懂学生

　　学生在前,教师在后！在真实的课堂中,当倾听、宽容、接纳成为教与学的主旋律,学生会演绎出怎样令人赞叹的精彩？当这样的课堂一个一个地叠加起来,学生会生长出怎样使人期待的精神特质？如果这样的课堂向更广阔的空间延伸,结果又将是怎样的呢？

教育，从倾听开始

这是一节推门课。

课前，教师让学生做了三件事：1.自己动手制作一个圆柱；2.写出制作的步骤；3.记录制作过程中的发现。

课在学生操作的基础上展开。

"谁来说说你是怎么做圆柱的？"课一开始，教师开门见山。听了教师的提问，我暗暗点头。教学从学生的经历体验入手，值得期待！

"我准备了三张纸、圆规和剪刀……"学生的表述自然流畅，一听就知道前一晚认真进行了操作！一定有很多有价值的内容，我愈发地期待！

"能不能直接说出步骤？"教师打断了学生的讲述，语气虽然委婉，但透着坚决。学生有些无措，不过看得出来，这是个应变能力很强的学生，教师要什么，他就能给什么。

"我先准备一张纸，然后把它卷成圆筒，再剪两个底面，就做出来了。"

"同学们，你们也是这么做的吧？"教师顺水推舟，"那你们在做的过程中发现圆柱侧面和圆柱底面有什么关系？"这时，即使是学生，也感受得出什么才是教师最关心的问题。也难怪，这正是本课教学的关键。

"圆柱侧面的长和圆柱底面周长相等。"学生的声音依旧响亮！不过，很明显热情降低了很多！

我的心也随之沉寂！在剩下的时间里，我的眼前总是浮现出那个"教师需要什么就能给什么"的学生。他究竟被教师打断了什么？在他因被打断而省略的陈述背后，有什么有价值的教学内容？或者说适合本课的生长点……

我如鲠在喉！下课后我直接找到那个学生。

"现在还愿意跟老师讲讲圆柱的制作过程吗？"

虽然只是第二次见面，孩子倒不生分。"老师，其实为了今天的发言，我昨晚认真作了准备。我发现制作圆柱并不容易，特别是制作规定圆柱的底面。为了让圆柱的底面和侧面配套，我和同学们基本上都是先用一张长方形的纸卷出圆柱的侧面,再把这个圆筒竖立起来,压在另外两张纸上,用铅笔绕着圆筒侧面画出两个圆,最后把这两个圆剪下来。很麻烦!而且稍不小心剪出来的圆就和侧面不配套!"

"那你觉得可以怎样改进?"

"要是让我再制作一次,我不会这样。"孩子边说边用手比划,"我会先剪两个圆,折出圆的直径,算出它的周长,再用这个周长作长方形的一条边,用任意长度作长方形的另外一条边。这样不仅方便,而且可以做出底面固定但高不相等的任意圆柱体。"

"你的发现,全班同学都发现到了吗?"

"应该有不少同学也有类似的发现。"

我有些黯然!

"老师,其实我还有一个发现,就是班上为什么很多同学做出的圆柱都是瘦瘦高高的,身材都那么好。其实,这是因为很多同学做圆柱时,不是用长方形宽作的高,而是用长方形长作的高,这时宽的长度才应该是底面周长。因此,我并不赞成老师说的,圆柱侧面展开是一个长方形,长相当于底面周长,宽相当于圆柱的高。我觉得正确的说法应该是,圆柱侧面展开是一个长方形,长方形的长和宽中的某一条边相当于圆柱的底面周长,另一条边相当于圆柱的高。"

听了学生的论述,我愈发黯然!

是啊!曾几何时,我们经常抱怨我们的学生知识面窄,竞争力差,缺少创新意识与精神!但是,作为教师的我们可曾想过,我们总是在既定的教学轨道中亦步亦趋,规行矩步,我们总是拒绝倾听孩子的心声,我们总是关闭与孩子心灵相约的通道。试问,长此以往,我们的学生怎能个性张扬、思想奔放,闪烁出求异的光芒?

倾听与拒绝倾听,两种截然不同的态度,得到的也是两种截然不同的结果。其实,仔细想想,教育有时很简单,简单得只需要一次充满理解与信任的静静的倾听。

课程，首先是儿童

建构主义学习理论告诉我们，学习是利用已有的知识与经验对当前"新授"同化和顺应的过程。众所周知，学生接触"两位数乘两位数"（北师大版《数学》三年级下册）前，已经学习了"两位数乘整十数"和"两位数乘一位数"。换言之，学生已经具备了"两位数乘两位数"竖式计算的基础。但是，从实际教学效果来看，学生尤其是后进生，对"两位数乘两位数"竖式计算建构得很不自然。怎么会这样？仅仅是因为这些学生笨吗？

在回答这几个问题之前，不妨先来看看课本的编排。如图3-1，"两位数乘两位数"教材提供了三种方法。

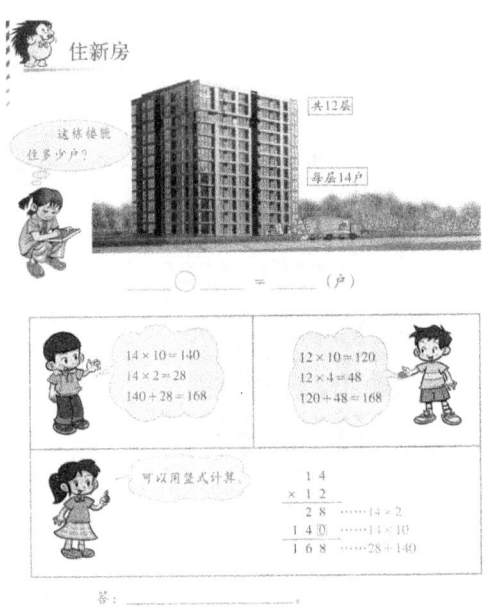

图3-1

观察这三种算法，都用到了"拆分"。但是，为什么拆分？怎么就想到了拆分？学生真的感受到了拆分的意义与价值吗？特别地，如果没有事先看书，或者事先没有家长的辅导,学生能自然地想到将12拆分成10和2,而不是其他的任意两个数,如8与4吗?而且,为什么只拆分其中一个因数,而不是将两个因数同时都拆分了呢?

显然,经过这样的追问,我们就可幕然明白学生尤其是后进生"两位数乘两位数"竖式计算建构之所以很不自然的原因,即"两位数乘两位数"并不是"两位数乘一位数"和"两位数乘两位数"竖式计算的简单叠加,拆分才是两位数乘两位数竖式计算的基石。而与此形成对照的是,在以往的学习和生活中,学生是没有拆分的经历与体验的,"新知"与"经历""体验"之间出现了断层!

正是在这样的挖掘中,学生隐秘的学情被披露,教学努力和重构的方向被厘清。下面是我们的尝试。

[片断回放]

(CAI课件呈现主题图)

师:从图中你发现了哪些信息?

生:这栋楼房一共12层,每层可住14户。问的问题是这栋楼能住多少户。

师:要求这栋楼房一共能住多少户,怎样列式?

生:14×12 或者 12×14。

师:14×12,是两位数乘两位数。(板书课题:两位数乘两位数)以前我们没有学过。两位数乘两位数怎样计算呢?同学们可以自行探索,也可借助老师提供的点子图(图3-2),研究一下14×12可以怎样计算。

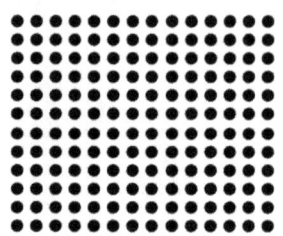

图3-2

(学生自行探索,3分钟后教师组织学生交流)

生:老师,我采用的是拆数的方法。我将楼房从中间分开(图3-3),这样左边有12层,每层7户,列算式是12×7,右边也有12×7户,所以一共是12×7×2=168户。

生:老师,我用的也是拆数的方法,不过我拆的方法和他的不同。我是将点

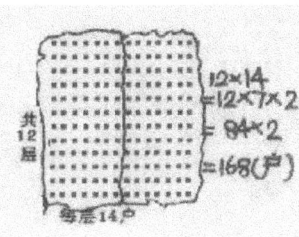

图 3-3

子图这样分成两份(图 3-4),每一份有 6 层,每层 14 户,有 2 份,用递等式计算是 12×14=6×14×2=84×2=168 户。

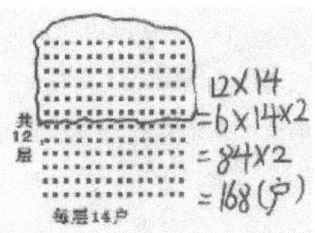

图 3-4

生:老师,我是拆成 4 份(图 3-5),每一份有 3 层,每层 14 户,一共有 12×14=14×3×4=42×4=168 户。

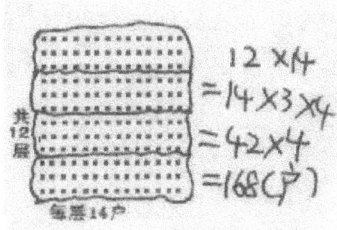

图 3-5

生:其实,可以把 12 拆成 10 和 2,这样要求的户数可以分为两部分(图 3-6)。上面一部分是 12×10=140 户,下面有 14×2=28 户,一共是 140+28=168 户。我觉得这样计算简单一些,因为任何一个数乘 10 只要直接在这个数后面添上一个 0 就够了。

师:刚才这位同学说了一个什么观点?

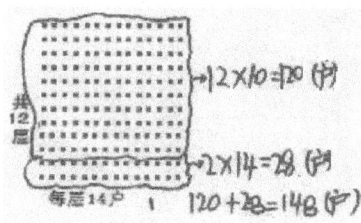

图 3-6

生：他说将 12 拆成 10 和 2 比其他的拆法简单。

师：那你们同意吗？

生：我不同意，我觉得将 12 拆成 2 和 6 或者 3 和 4 也挺简单。

生：再简单也没有 14×10＋14×2 简单啊。14×10 可以直接在 14 后面添 0，这样就只要计算一个算式 14×2，而拆成其他任何两个数都要计算两道算式。

生：我也觉得将 14 拆成一个整十数和一个一位数简单。我补充一个理由，就是这样拆更普遍，比如说 13，你就不好拆成两个数的乘积。

师：这位同学什么意思，同学们明白吗？

生：他的意思是说所有的两位数都能拆成一个整十数和一个一位数，但是不是所有的两位数都能拆成两个 10 以内的数相乘。

（有部分学生接受了拆成整十数和一个一位数，但有些学生仍然坚持自己的观点）

师：有些同学可能仍然坚持自己的观点，没关系，我们再慢慢来体会。刚才老师在巡视的时候，还发现一种算法。（出示图 3-7）见过这种算法吗？

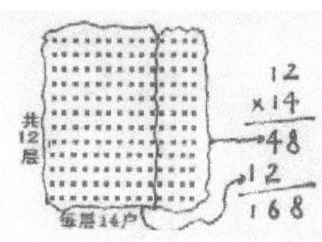

图 3-7

生：我知道，我爸爸告诉过我，这是列竖式计算。

生：我也知道是列竖式计算，不过我是昨天预习课本看到的。

师：同学们很聪明，不过老师有一些不明白，（指图中右边圈的部分）他为什么把这一个圈指向48?

生:这个圈表示每层4户,一共12层,也就是竖式中第一个因数12和第二个因数的个位数字4的乘积。

师:左边这个圈呢?他的箭头为什么这样打?

生:左边这个圈表示左边一共有多少户,而竖式计算中的12表示的就是左边这个圈表示左边一共有多少户。

师:左边这部分每层10户,一共12层,一共应该有12×10=120户。可是,竖式中怎么写的是12呢?

生:因为1在这里表示1个十,12乘1个十表示12个十,计数单位是十,所以12×1的积末位数字应该落在十位上。

师:是这样吗?那你们能不能在图中圈出12乘4和12乘1表示的部分?

学生圈图,展示略。

儿童是教育的主体,任何教材解读只有转化为学生喜闻乐见的教学实践才有意义!厘清知识的内涵后,教师首要做的应是换位思考,站在儿童的角度想一想,将自己的教学理解转换成学生能接受的教学实践。具体到本课,正如上文所说,"两位数乘两位数"授课重点虽然是竖式计算,但拆分才是竖式计算的基石。那么,如何让学生自然而非人为地想到拆分,特别地,如何让学生体验到"将其中一个因数拆分成整十数和一个小于10的自然数"的必要性呢?上述案例进行了很好的尝试。

在创设情境抽象出算式后,教师为学生提供了一张"点子图",同时要求学生"利用你手中的点子图,在上面画一画,然后找到解决14×12、12×14的方法,并将你的思考过程写在纸上"。

然后,教师组织学生交流。交流中,学生自然明白了虽然各种拆法都能解决问题,但将且只将其中一个因数拆成整十数和另一个自然数是最简捷、最方便、最自然的方法,进而也是大家普遍采用的算法。

神奇而不神秘,数学应该以自身的魅力吸引学生。不过,这种魅力不是指神秘。相反,作为教师,我们必须让我们的学生相信数学是自然的,而非人为的、突兀的。这就要求我们在研读教材时应始终秉持儿童基点、学科视野的理念,从成人鉴赏的眼光,厘清知识是什么;用儿童本位的视角,选准儿童能接受的角度。只有把这两者结合起来,我们的数学教学才会既不失严谨,又不失趣味,在儿童精神的张扬中永葆数学味。

学生的估值为何偏小

有这样一道题:棱长是10厘米的正方体与棱长是9厘米的正方体体积相差多少?先估一估,再算一算。

一位教师是这样处理的。

师:请同学们先猜一猜,这两个正方体的体积相差多少?

生1:1立方厘米。

师:你是怎样得到这个结果的?

生1:正方体的体积是"棱长×棱长×棱长",棱长多1厘米,体积增加1×1×1=1立方厘米。

生2:1立方厘米。(理由与生1基本相同)

生3:1立方厘米。(理由与生1基本相同)

生4:3立方厘米,长、宽、高各增加1厘米,体积增加3立方厘米。

生5:200多立方厘米。(表达不出自己的想法)

师:到底相差多少呢?我们可以通过计算验证自己的猜想。下面,就请同学们计算一下吧。

生6:10×10×10=1000(立方厘米),9×9×9=729(立方厘米);1000−729=271(立方厘米)。

师:这两个棱长相差1厘米的正方体,体积相差271立方厘米,与我们先前的估算相差很大。以后遇到类似的题,不能只估,更要计算。

……

多数学生的估值为什么偏小?表面看来是学生估算能力的问题,但更深层的原因恐怕还应从学生的空间观念去寻找。正如案例中呈现的,棱长是9厘米的正方体变为棱长是10厘米的正方体,学生之所以认为体积只需增加1立方厘米,是因为学生是站在一维的角度去思考。长9厘米的线段变为长10厘米的线段,只需增加1个单位线段。同样的道理,棱长是9厘米的正方体变成棱长是10厘米的正方体,长延长了1个单位线段,宽延长了1个单位线段,高也延长了1

个单位长度,体积=棱长×棱长×棱长,所以体积增加了1×1×1=1立方厘米。认为体积增加了3立方厘米的学生,答案虽然不一样,但思考问题的实质大致相同,只不过学生看到长增加了1厘米,实质是长一排多摆了1个小正方体,同样地,宽增加1厘米,就是宽多摆了1个正方体,高增加1厘米,就是高多摆了1个正方体。长、宽、高各多摆1个正方体,一共需要多摆3个小正方体,所以正方体的体积增加3立方厘米。

长、宽、高缺少有机关联,学生的头脑中没有形成完整的空间链条,学生的估值过小就在情理之中了。学生空间观念的发展是一个螺旋上升的过程,一维是二维的基础,三维是二维的提升,学生的三维空间观念缺乏,在某种程度上与二维空间的建立与发展有联系。因此,我制定了如下的改进策略。

师:用边长为1的小方块可以拼出很多大小不一的正方形,拼成最小的正方形需要几块小方块?

生:1块。

师:如果要拼成边长为2的正方形,需要增加几块?

生:3块。

师:为什么是3块?能具体说说吗?

生:挨着的增加了2块,角落的增加了1块。(CAI课件闪烁,如图3-8)

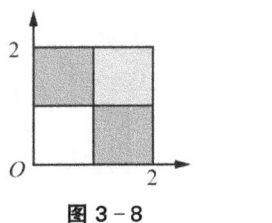
图3-8

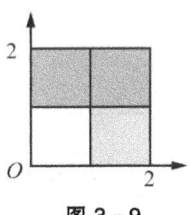
图3-9

生:我有不同的想法,可以把增加的分成两部分,横着的这一条是2块,加竖着的这1块,一共是3块。(伴着学生的回答,CAI课件如图3-9闪烁)

师:2代表什么?1代表什么?这样分有什么好处?

生:2代表现在正方形的边长,1代表原来正方形的边长。这样分就能很清楚地看出,需要增加的正方形的个数等于原来正方形的边长数加上现在正方形的边长数。

师:他的意思听明白了没有?依照这位同学的想法,要拼成边长为3厘米的正方形,还需要增加几块?

生：2+3=5块。

师：是这样吗？（CAI课件出示图3-10）在脑海中想一想，边长是100的正方形比边长是99的正方形多多少个小方块？

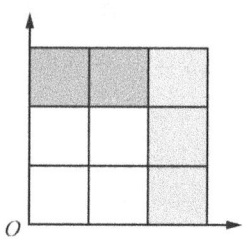

图3-10

生：横增加一排，竖增加一排，一共增加99+100=199个。

师：同学们真聪明！老师还想考考大家，棱长为1的正方体变成棱长为2的正方体，需要增加几块小方块？增加在哪里？

生：老师，我可以联系刚才的那个图说吗？（指着图3-8）棱长为1的正方体变成棱长为2的正方体，在原来那个正方体周围必须增加3竖条，每一条是2。此外，还要增加一个正方体，补剩下的空缺。

（随着学生的讲述，CAI课件演示图3-11）

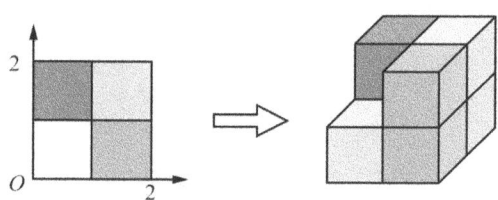

图3-11

师：棱长为2的正方体变成棱长为3的正方体，需要增加多少个小方块呢？

生：边长为2的正方形变成边长为3的正方形需要增加2+3=5个小方块，同样地，棱长为2的正方体变成棱长为3的正方体需要增加5竖条，每竖条都是3个小方块，所以至少需要增加15个小正方体。

师：同学们想一想，棱长为2的正方体增加5竖条之后会是什么图形？

生：中间是一个凹的正方体？

师：如果要拼成一个完整的棱长为3的正方体，还需要怎样？

生：还需要把中间的一层补起来，也就是增加2×2个正方体。

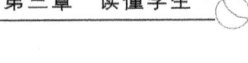

师：照这样想，如果把棱长 3 厘米的正方体改成棱长为 4 厘米的正方体，需要增加多少个小正方体？

生：需要增加 (3＋4)×4＋3×3 个正方体。

师：把棱长为 9 厘米的正方体变成棱长为 10 厘米的正方体，需要增加多少个棱长为 1 的正方体？

生：需要增加 19×10＋9×9 个棱长为 1 的小正方体。

师：能具体说说吗？

生：边长为 9 的正方形变成边长为 10 的正方形需要增加 9＋10＝19 个小方块，同样地，棱长为 9 的正方体变成棱长为 10 的正方体需要增加 19 竖条，每竖条都是 10 个小方块，加上补的那个面，所以一共需要 19×10＋9×9，约等于 200 多个小正方体。

……

估测不是胡乱猜测，而是一种有根据的猜想。上述教学中，由于有二维、三维图式的提示补充，有正方形边长增加 1 厘米，面积有可能增加很多平方厘米的铺垫引领，因此学生在猜测正方体棱长增加 1 厘米体积增加多少立方厘米时，头脑中不是浮现单纯的数字，而是呈现相应的图形（图 3-11），并据此进行联想。显然，此时学生的估测就不是凭空瞎想，而是一种基于理性认识基础上的合情推理。在这个过程中，学生的估测能力、空间观念都得到了实在训练和有效发展。

学生为何联想不到

"用字母表示数"是人教版《数学》五年级上册第四单元的内容。本节教材共编排了四道例题。四道例题不仅各有重点，而且层层递进，处理得相当细腻。如例 1，教材在编排三道题的基础上，指出"在数学中，我们经常用字母来表示数"，然后抛出一个问题：你还见过哪些用符号或字母表示数的例子？编者期望通过此问题顺利引出例 2：用字母表示运算定律。但在试教中，我发现抛出问题后，很少有学生能顺利联想到"运算定律"和"计算公式"。

这是为什么？细细分析，责任其实不在学生。因为例 1 主要是讲"用符号和字母表示特定、具体的数",而在学生的潜意识中,运算定律和计算公式显然不属于数的范畴。从这个角度去思量,学生联想不到反而是在情理之中。

退一步说,即使如我们所愿,有学生在教师的"启发"下联想到运算定律和计算公式,那么上述教学就是合适的吗?教过本内容的教师都知道,例2无论是从编写意图还是从教学重点,都是为了凸显用字母表示数的必要性:简便易记和便于应用。因此,这很容易给学生以错觉——字母只能表示特定、具体的数。而另一重要的知识点"字母可以表示不确定的数"不知不觉中竟被疏漏了。而没有了这一重要知识点的支撑,字母表示运算定律和计算公式也就失去了凭借和依托。

鉴于此,我对上述案例进行了再一次实践。

(师生展示交流了生活中用符号或字母表示特定、具体的数的例子后)

师:同学们真聪明,能够这么迅速、准确地算出符号或字母表示的数,真了不起!不过,刘老师还不服气,还想挑战挑战同学们。下面几道算式隐含着数学运算的一条重要规律,看一看,想一想,你发现了什么?

(板书:$8 \times 7 = 7 \times 8$ $11 \times 19 = 19 \times 11$)

师:你能接着写一道吗?写得完吗?写不完我们可以——

生:用省略号表示。

师:这些算式隐藏着数学运算的一条重要规律,你能用自己的话具体地说一说吗?

生:这些算式隐藏着的数学运算定律是乘法交换律:交换两个因数的位置,积不变。

(板书:交换两个因数的位置,积不变)

师:刘老师板书的时候感觉非常麻烦,有没有简单的表示方法?

生:$a+b=b+a$。

师:a 在这里可以是哪些数?

生:可以是8,也可以是11……

生:还可以是其他任何一个数。

师:也就是说,a 在这里表示任意一个不确定的数。b 呢?

生:b 也表示任意一个不确定的数。(板书:表示一个不确定的数)

师:这是乘法交换律,我们还学习了哪些运算定律?

(生答略)

师:同学们任意选择其中的一个,在操练本上首先用文字表述你选的运算定律,然后用字母表述你选的运算定律。写完后,看看你有什么体会。

教材不是一个封闭的知识系统,而是一种开放的教学资源,它虽有明确的教学目标和教学导向,却没有僵硬的教学程序和固定的教学方式。反思前后两次教学效果有如此大的反差,我认为,一个关键的原因在于教师对课本的一个承上启下的问题(你还见过哪些用符号或字母表示数的例子)的认真解读:既注意到了它的导向性,同时也觉察到它的跳跃性,进而适度"补白",在顺利实现学生迁移的同时,很好地促进了学生的发展。学生在由"用字母表示数"到"用字母表示运算定律或数学公式"的顺利迁移中,"用字母表示不确定的数""用字母表示数简便易记"等知识点也润物细无声地渗透在学生的脑海里。

学生为何抽象不出

"小数点对齐,相同数位相加。"这是小数加减法的计算法则。走进如今的小学数学课堂,却发现很少有教师让学生抽象出如此清晰而准确的计算法则。为什么会如此?不排除算法多样化的影响,但是造成"学生抽象不出"的更深层原因还在于我们的教学方式。我们不妨先来看一个案例。

如图 3-12,馨语陪妈妈到中百仓储购物,买了一瓶酸牛奶,单价 1.25 元;一袋饼干,单价 2.41 元。妈妈交付 3.66 元,对吗?

图 3-12

学生根据情境提出数学问题并列出算式"1.25+2.41"后,教师让学生自主思考计算方法。学生的想法主要有三种。

1. 利用生活经验,结合实际情境来解决。1.25 元等于 1 元 2 角 5 分,2.41 元等于 2 元 4 角 1 分。1 元加 2 元等于 3 元,2 角加 4 角等于 6 角,5 分加 1 分等于 6 分,合起来就是 3 元 6 角 6 分,以元作单位就是 3.66 元,算式是 1.25＋2.41＝3.66 元。

2. 运用整数加减法进行推理(图 3－13)。1.25 元、2.41 元可以分别看作 125 分、241 分。

3. 数形结合,借助直观图来解决(图 3－14)。

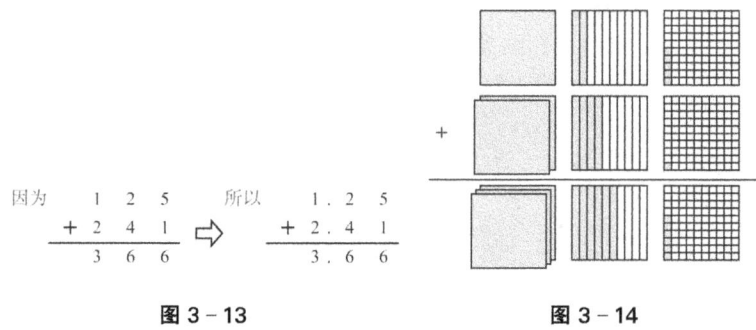

图 3－13　　　　　　　　图 3－14

比较上述三类方法,从解决问题的策略来讲,它们的确都能解决情境中的问题,也都能帮助学生理解小数加减法的本质意义。但教学中如果只让学生交流一下算法就作罢,那么学生当然就局限在具体方法的层面,这正是学生抽象不出算理的根本原因。

事实上,上述三种方法既然都能解决问题,作为教师应该引领学生发现其中的内在联系,帮助学生理解不同方法后面的本质内涵。一位教师对此思考后作了如下尝试。

在学生交流介绍的时候,教师适时地抓住学生的关键语句加以提炼。对于第一种方法,教师抓住了"元＋元""角＋角""分＋分";对于第二种方法,重点突出"个位＋个位""十分位＋十分位""百分位＋百分位";对于第三种方法,提炼出"块＋块""条＋条""格＋格"。有了这样的提炼,学生很容易理解了三种方法的共同点:相同数位对齐,相同数位上的数相加减。"怎样就能做到相同数位对齐呢?"教师顺势点拨,学生豁然开朗:只要小数点对齐,相同数位就对齐了。

数学概念、法则、结论,课本一般不直接呈现。这样编排,一方面是为了给教师、学生更大的自主发挥的空间,同时也是为了引领学生更好地经历数学化:学生在对数学问题情境进行分析和描述的过程中,获得了属于自己的数学体验。不过,让学生获得自己的数学体验并非教学的最终目的。教师有责任在学生体验的基础上合理引导,适时抽象,让学生的数学思维获得发展。

学生为何坚持不久

年轻教师的课堂时常冷场,其原因固然很多,但重要的原因往往是教师眼中只有正确结果,心中只有标准答案。当学生的答案与心中的答案相距甚远时,教师就急于找下一个学生回答。在这个找来找去的过程中,先前学生的积极性没有了,后面学生的畏缩情绪产生了,课堂温度下降也就在情理之中。鉴于此,我认为,课堂教学要想保持持久的温度,教师就必须捕捉、顺应学生回答中的合理成分,定格、放大学生回答中的精彩,进而由学生的一点闪光引发学生的全面闪光,由一个学生闪光引发全体学生闪光。

以"求平均数"教学为例。怎样求一个团体的平均数?教师首先出示一道题:五(1)班有24人,平均每人植树2棵;五(2)班有26人,平均每人植树3棵。五(1)班、五(2)班平均每人植树多少棵?面对这一问题,学生主要有两种解法:①$(24×2+26×3)÷(24+26)$;②$(2+3)÷2$。比较这两种方法,当然第一种方法是对的,但是第二种方法也有其合理的成分。下面是一位教师看到学生想法中的合理成分后的尝试。

"2表示什么?""2表示五(1)班平均每人植树的棵数。""换句话说,五(1)班每个学生植树的棵数都可以写成2。那么,3呢?""3表示五(2)班每个学生植树的棵数,3也可以看作五(2)班26个学生每人都种了3棵树。"这样,就自然得到如下表格。

序　号	1	2	…	24	25	26
五(1)班	2	2	…	2		
五(2)班	3	3	…	3	3	3
平均数(移多补少)	2.5	2.5	…	2.5		

"现在五(1)班和五(2)班同学一个对着一个,一个帮助一个。同学们有什么发现?"

学生按照教师的要求,一帮一,结果发现问题来了:五(1)班有24个学生,而五(2)班却有26个学生。这样一帮一后,五(2)班的25号学生和26号学生由于没有帮助任何人,因此他们植树的棵数仍然是3。换一句话说,一帮一后,所有人并没有变得一样多。

"那么,怎样才能让所有学生植树的棵数都变得一样多呢?"

"把25号同学、26号同学多的再拿出来平均分给所有同学,也就是$(3-2.5)\times 2 \div 50$,这时每个人平均种$[2.5+(3-2.5)\times 2\div 50]$棵树。"

"老师,这样太麻烦了,不如把所有植树的棵数都加起来,然后除以总人数。"

"那么,是不是在任何情况下都不能用$(2+3)\div 2$计算呢?"

由于有上面表格的直观演示,学生很容易发现:当两部分人数一样多时,平均数加起来除以平均数的份数是最简单、最实用、最有效的策略。

教育的艺术不在于传授,而在于激励、唤醒和鼓舞。小学生由于自制力比较弱,抗挫折能力还不强,更需要如此。案例中的教师清醒地意识到了这一点,在学生不合理的回答中敏锐捕捉到了其中的合理成分,并顺应、放大了这部分内容,这样不仅使全班学生同该生一起共同经历了一场思维的洗礼,更重要的是,引申合理成分、寻找闪光点的做法传递的是教师对学生的耐心,学生感受到的是在教师的引领下不断走向成功的信心。学生具有安全感,课堂自然容易保持恒久的温度。

仅仅是因为迁移惹的祸?

$\frac{1}{2}+\frac{1}{4}$如何计算?分子加分子,分母加分母,因此$\frac{1}{2}+\frac{1}{4}=\frac{1+1}{2+4}=\frac{2}{6}$。刚刚接触分数时,学生常常犯这样的错误。"这是受整数加减法和小数加减法对应部分同步相加减负迁移的影响。"面对学生的错误,教师常常这样总结学生错误的原因。很长一段时间,我也持相同的观点。不过,最近一次的教研经历让我改变了对这一问题的看法。

这是工作室的一次同课异构,执教的是一位年轻教师。教师创设情境,学生抽象出算式 $\frac{1}{2}+\frac{1}{4}$ 后,教师让学生自主探索。当然,学生的方式多种多样,有转化成小数算的;有通分后再算的;有画图表示结果的。有一个学生是这样计算的:$\frac{1}{2}+\frac{1}{4}=\frac{1+1}{2+4}=\frac{2}{6}$。

"$\frac{1}{2}$ 有圆片的一半没有?"

"有。"

"$\frac{2}{6}$ 呢?"

"还没有圆片的一半。"

"你发现了什么问题?"

"我算得不对。我越加越少了。"学生意识到自己的错误。

问题似乎顺利解决。不过,出乎我的意料,在后续的练习中,该名学生又断断续续地出现类似的错误。

存在即合理。黑格尔的这一至理名言给我们启示:是啊!既然差错反复存在,那么学生的差错就一定有其"必然性"与"合理性"。而正是在对这种"必然性"与"合理性"的持续追问中,我们或许可以更深入地了解学生的学习方式与思维方式,或许可以更深入地理解所教内容的本质。鉴于此,我决定找这个学生谈一谈。

"老师,您看,$\frac{1}{2}$ 是把这个圆平均分成了 2 份,取了其中的一份;$\frac{1}{4}$ 是把这个圆平均分成了 4 份,取了其中的一份,合起来就有两个圆,两个圆一共分成了 6 份,阴影部分占 2 份,所以用分数 $\frac{2}{6}$ 表示。"

哦,学生的想法虽然有问题,但也有其合理性,至少代表了一部分后进生的想法。是啊!阴影部分增加了,但作为分母的总份数也在增加,换言之,分子要相加,分母也要相加。

仔细分析,学生这样理解是受了教师不规范操作的影响。具体地说,为了简便,教师常常简单地把两部分相加直接用括号连接(图 3-15)。这时就正如学生所说,由于阴影部分是作为整体的一部分与整体一起呈现的,因此学生在观察阴影部分时,不可避免地也注意到了整体。阴影部分在增加,整体也在相加,也就是学生前面所说的,分子相加,分母也在相加。

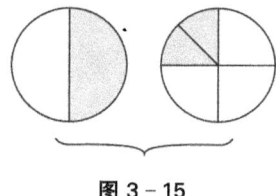

图 3-15

因此,上述操作过程有必要作一些改动。下面是我与该名学生交谈后的再一次尝试。

在学生尝试画图表示计算结果后(图 3-15),我问:"$\frac{1}{2}$ 指哪一部分?""$\frac{1}{4}$ 呢?"伴随着学生的回答,我相机将图片折成了图 3-16。

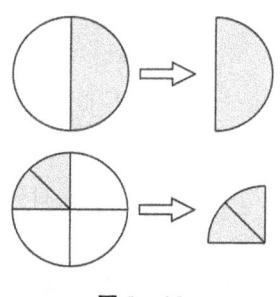

图 3-16

"$\frac{1}{2}+\frac{1}{4}$ 也就是哪两部分相加?"学生回答后,我将相应部分贴在空白圆片上,形成图 3-17。"现在涂色部分应用什么分数表示呢?为什么分母 2 不用加上分母 4 呢?"

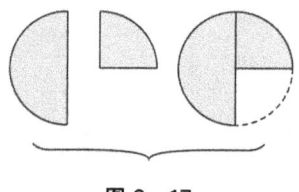

图 3-17

"老师,从图中看得很明显,$\frac{1}{2}+\frac{1}{4}$ 只表示两个阴影部分相加,因此异分母相加,在把它们化为相同计算单位之后,分母是不变的,只把分子相加。"

听着学生清晰的表述,我意识到抓住了问题的关键。上述教学经历给我们启示:教学中,当学生的回答与心中预想不符时,我们常常是本能地作出判断,不善于与学生交流,不善于从学生的角度去作出分析。静下心来,走近学生,才能近距离地感受学生的苦恼、困惑,进而服务学生,让每一个学生潜能开发、精神唤醒、内心敞亮、个性彰显。

老师,这咋不是一个三角形呢?

三角形是由三条线段围成的图形,围成三角形的三条线段必须首尾相连。虽然学生对三角形的概念知之甚详,但是面对这样一道题:如图 3-18,下面三条线段围成的图形是一个三角形吗?还是有很多学生感到疑惑:"老师,这咋不是一个三角形呢?"

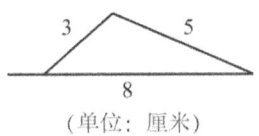

(单位:厘米)

图 3-18

为什么学生清楚三角形的概念,但依然认为 3 厘米、5 厘米、8 厘米的三条线段围成的图形是三角形呢?要回答这个问题,首先应该回顾一下学生的数学现实。众所周知,生活中的三角形很少是以单独的几何形态出现在学生的面前,相反,更多的是作为现实物体的一部分展示在学生的眼前。因此,在认识三角形这一单元的课伊始,教师让学生回忆生活中在哪些地方见过三角形。学生举例说屋檐的侧面、自行车的三脚架、小红旗……教师或默默赞许,或大加肯定,这都给学生以错觉:一个图形中含有三角形,这个图形就是三角形。所以,虽然后来教师反复强调"三角形是由三条线段围成的图形,围成三角形的三条线段必须首尾相连",但是在学生潜移默化的经验中,在学生似曾相识的意识里,学生会理所当然地认为 3 厘米、5 厘米、8 厘米长的三条线段围成的图形是三角形。

既然如此,如何消除生活经验给学生思维带来的消极影响?其实,方法并不复杂。仔细分析学生的思维,我们不难发现,学生犯了一个逻辑推理的错误,即一个物体有什么,这个物体就是什么。显然,这是荒谬的。因此,教学中,教师可以针对这一荒谬,以彼之矛,攻彼之盾。如当学生认为3厘米、5厘米、8厘米长的三条线段围成的图形是三角形时,教师不妨随意举起一只手,问学生:"这是什么?""手。""老师有一只手,那么老师就是一只手,同学们同意吗?"当然,所有学生都会选择否定的答案。"为什么不同意呢?""手只是身体的一部分,人除了手,还有其他的器官。所以,手不能代表人的全部。""老师有什么,并不代表老师是什么。比如说,老师有钱,并不代表老师是钱。"……"那么,这个图形究竟是不是三角形呢?"相信有了"老师是手"的幽默,有了"老师是钱"的夸张和悖谬,学生一定会很清晰地感知:这个图形虽然含有三角形,但这个图形绝不是三角形。

是 $\frac{1}{2}$,不是 $\frac{1}{3}$

圆锥体的体积是等底等高的圆柱体的 $\frac{1}{3}$。但是,每到新授环节,教师让学生猜测圆锥体和等底等高圆柱体的体积有什么关系时,很多学生都不假思索地认为是 $\frac{1}{2}$。一次是偶然,但年年如此,其中是否有必然?

为什么猜是 $\frac{1}{2}$ 呢?今年,我和学生进行了对话。

"圆锥体为什么是等底等高的圆柱体体积的 $\frac{1}{2}$ 呢?你是怎么想的?"

"这是一个什么图形?"学生拿出一个长方形。

"长方形。"

"将这个长方形绕着竖着的这条宽旋转一周(图3-19),形成什么图形?"

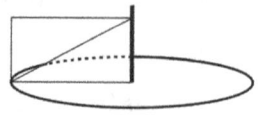

图3-19

"圆柱体。"

"把这个长方形沿对角线剪去一半,剩下的是一个直角三角形(图 3-20 阴影部分),将这个直角三角形旋转,形成的是不是一个圆锥体?"

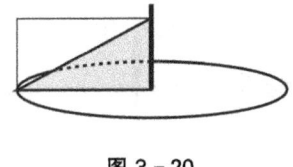

图 3-20

我点了点头。

"我们知道,长方形分成了两个大小、形状完全一样的直角三角形,这两个直角三角形大小相同,形状相同,面积也相同。现在绕着旋转的轴也相同,它们旋转时扫过的空间就应该完全一样。所以,我认为圆锥体的体积等于等底等高的圆柱体体积的一半。"

是 $\frac{1}{2}$ 而不是 $\frac{1}{3}$!学生言之凿凿。望着学生自信的表情,我暗自庆幸没有专横武断,人云亦云,而是蹲下身子,倾听了孩子的心声。学生言之成理,但千百年来在实践中形成的结论不可能有误。既然如此,学生错在哪呢?

思索良久,我似乎有所醒悟。圆锥体的体积之所以是等底等高的圆柱体体积的 $\frac{1}{3}$ 而不是 $\frac{1}{2}$,是因为面的旋转和面的平移不同。在面的平移中,任何两点划过的轨迹都是相同的,因此面的平移可以看作面的叠加,其面上任意形状相同的两部分,平移后对应的"体"的体积都相等。而旋转则不同,面进行旋转时,旋转的角度虽然一定,但旋转点离中心点的位置不同,那么它移动的距离也不相同。比如,图 3-21 的点 J 和点 K,旋转同样的角度时,点 J 所移动的距离要明显大于点 K 所移动的距离。同样的道理,两个图形即使形状、大小、面积完全一样,但是如果它们离旋转轴的远近不一样,那么越远的图形旋转一周所占的空间也就越大。

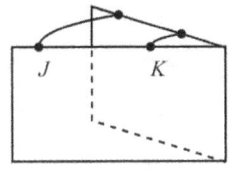

图 3-21

将图 3-20 转换成图 3-22(为了叙述方便,标上字母)。这里,△AOD 和 △BOC 旋转一周所占空间虽然完全相同,但由于 △AOB 比 △COD 离旋转轴 CD 更远,理所当然其旋转一周所占空间就要比 △COD 旋转一周所占空间大,而 △AOB 旋转一周与 △AOD 旋转一周所占空间的和可以看作是 △ABD 旋转一周所占的空间,△BOC 旋转一周和△COD 旋转一周所占空间的和也可以看作是△BCD 旋转一周所占空间,因此△ABD 旋转一周所占空间就大于△BCD 旋转一周所占空间。

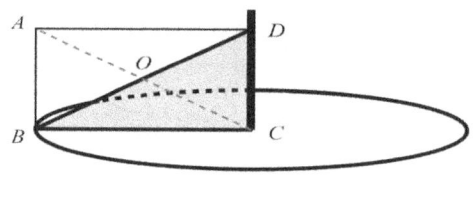

图 3-22

很多教师看到这里可能还是很困惑,实际上,这正凸显了我们课堂教学必须解决的一个问题,即我们成人都感觉如此吃力,那么我们的学生能听得懂吗?我们有没有办法以学生能够理解的形式,让学生深入浅出地理解上述道理?

欣喜的是,办法是有的。

课一开始,教师不妨出示一块蛋糕(图 3-23),这个三棱锥体形状的蛋糕,怎样把它平均分成两部分呢?学生会想各种方法:沿着上底面的中线竖着切(图 3-24);沿着高中点的连线横着切(图 3-25)。

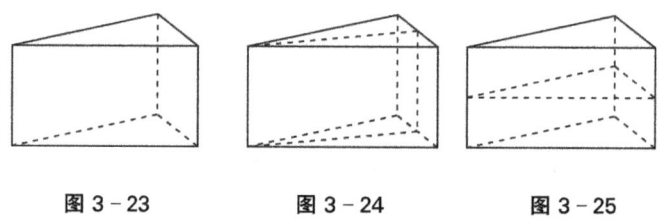

图 3-23　　　　图 3-24　　　　图 3-25

教师提问:沿着三棱锥体的一个顶点,向它下底面的对边对切,这时候蛋糕是不是也平均分成了两部分呢?(图 3-26)由于有直观演示,学生看得很清楚,这样分成的两部分,显然不相等。这样,一个学生熟悉的道具,一个简单的切蛋糕的动作,就使学生直观地认识到圆锥体的体积不是等底等高的圆柱体的体积的 $\frac{1}{2}$。

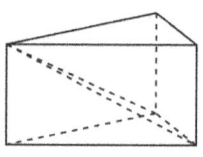

图 3-26

那么,究竟是几分之一呢?有上面直观操作的启示,学生就大致地估计,可能占 $\frac{1}{2}$ 少一点,有可能是 $\frac{1}{3}$ 。显然,这时学生的猜测就不是毫无根据的乱猜,而是一种基于理性思考后的合理推测。

最后,要特别指出的是,上述教学还有一个好处,就是解决了长久以来困扰教师的一个矛盾,即"增大探索空间与学生挑选实验器材反复进而导致宝贵的课堂教学时间流逝"的矛盾,包含了研究的条件,指明了研究的方向。长方形旋转成一个圆柱体,长方形的一半(三角形)旋转成一个圆锥体,这里实际上暗示学生圆柱和圆锥是有密切关系的,它们的底相同,高相同。所以,当学生真正要研究圆锥体的体积究竟与圆柱体的体积有什么关系,我想,只要不是基础非常差的学生,都会很自然地想到作为研究器具的圆柱和圆锥要等底等高。

应对生成,从理解学生开始

对话与交流是新课程推崇的重要理念,也是广大教师身体力行的行为准则。如今,走进新课程理念引领下的课堂,我们都会欣喜地看到,师生之间、生生之间,甚至学生自己与自己之间都在进行交流与对话。但毋庸置疑,由于学生思维的隐蔽性,当然也由于教师自身素质的不足,有时这些交流与对话还浮于表面,不能深入。

我就曾见到这样一个案例。那是三年级的一节数学课:分数的初步认识。应该说,新授部分非常顺利,学生都波澜不惊地掌握了与分数相关的两个重要概念:平均分,份数。上完新授后,教师出示了这样一道习题(图3-27):阴影部分占整个图形的几分之一?当然,答案非常明确: $\frac{1}{8}$ 。但是,一个学生却站起来回答说:" $\frac{1}{4}$ 。"

学生的回答虽然有些出乎教师的意料,但教师也不慌张,而是迅速地将"球"抛给学生,"同学们有没有不同的意见?"顿时,班级里小手林立,教师随手点了一

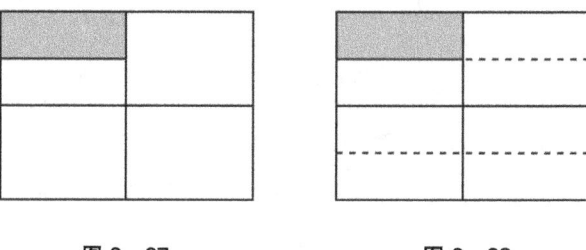

图 3-27　　　　　　　图 3-28

名学生。"老师,应该是$\frac{1}{8}$。""为什么不是$\frac{1}{4}$而是$\frac{1}{8}$呢?"教师接着追问。"老师,如果把这个图形看作四份的话,它就没有平均分。但我们将下面的长方形和左边的长方形加几条虚线的话(图 3-28),那么整个图形就可以看作平均分成了八份,阴影部分只占其中的一份,所以阴影部分是整个图形的$\frac{1}{8}$。"教师满意地点了点头,转头问那个说"$\frac{1}{4}$"的学生:"你明白了没有?"那个学生点了点头。

乍一看,学生明白了教师的讲解,但教师真的清楚了学生错误的症结所在吗?带着这样的疑问,课后我就这个问题又询问了那个学生:"你为什么认为阴影部分占整个图形的$\frac{1}{4}$呢?""老师,举生活中的分数的例子时,有的同学不是举我们四人小组有四个人,那么'我'就占我们四人小组的$\frac{1}{4}$这个例子吗?可是我想,我们四人小组四个人个头都不相等,也就是说我们四个人并没有平均分,可是'我'仍能占我们四人小组的$\frac{1}{4}$。这一题和刚才那个例子很相似,所以我认为可以用$\frac{1}{4}$表示。老师,您说呢?"哦,原来如此,学生的错误中竟蕴含着合理的因素!我因势利导:"请你想想,你们四人小组几个人?""四个。""把四平均分成四份,每份是几?""一。""那么,现在你知道'我'为什么可以占四人小组的$\frac{1}{4}$了吗?"那位学生恍然大悟,"我知道了,四人小组平均分的并不是人的块头,而是人的数量。所以,它还是属于平均分,还是可以用分数表示。不过,完整的表述应该是我占四人小组人数的$\frac{1}{4}$。"

应对生成,从读懂学生开始!试想,这段对话如果即时发生在刚才的课堂,发生在执教者与答错学生之间,以及所有听到"$\frac{1}{4}$"这个答案的所有人之间,那该多好呀!——是啊!谁能确定没有其他的孩子也有相同的疑惑和困顿呢?谁能理解若干个也想回答$\frac{1}{4}$的孩子,他们当时无人理解的彷徨和苦闷呢……可是,教师潜意识里对课堂、对学生的控制,教师自以为是的对学生的理解,让课堂错失了一次宝贵的师生相互启发的机会。

不仅仅是学习方式的问题

在多次的教学中,发现有一道题学生的错误率非常高:

把2米长的绳子剪成相等的5段,每段是全长的(　　),每段是(　　)米。

今年,我们又开始尝试解决。

第一次,以学生交流为主。但是,四五个学生发言之后,我发现学生并不能把解决方法说清楚,其他学生也是越听越糊涂。我们赶忙中止这个过程,改为小组讨论,希望学生能先理清自己的思路。可是,等到全班发言的时候,情况依旧。

第二次,在第二个班,我们调整了教学策略,以教师讲解为主。我按照课前预设的思路,引导学生列出算式:① $1÷5=\frac{1}{5}$;② $2÷5=\frac{2}{5}$,并让学生对比,观察异同点。如我们所预期,学生能发现很多规律。如,不管有没有单位,这两题的算式有一点是相同的,都是除以总份数,以上题为例,平均分成了5份,就除以5,也就是说分母始终相同;没有单位时,是取的份数(1份)占总份数(5份)的几分之几,即取的份数除以总份数,所以是1÷5;有单位时,是用单位数(此题具体指米数)除以总份数。

自以为这样讲解总该够具体、够深入、够具有可操作性了吧,可作业呈上来,却出乎我们的意料——不对比倒好,一对比学生却更迷糊了,什么时候应该选择哪一个算式,学生就如同抓骰子,撞大运。看到我们苦恼的表情,同事戏谑"你不讲部分学生倒还清楚,你一讲所有学生倒越迷糊了"。

提大问题，做大气的数学教师

问题到底出在哪里？

试着分析以上两次教学，不管是教师讲解还是学生自主发现，其实质是一样的，即二者都是把两个相近的内容进行对比，让学生分析、比较其不同，进而厘清要点，掌握记忆。

的确，这是人们掌握易混淆知识点的常用方法，是人类同化、顺应新知，将新知纳入已有认识结构的一种主要方式。实践证明，大多数情况下这也是一种行之有效的教学方式。但正如一位心理学家指出的，并不是所有的比较都对知识的迁移有促进作用，相反，如果两部分的知识点过于接近，分量旗鼓相当，不当的对比反而更容易强化学生的错误经历。

上述教学正好落入这一窠臼。这正是前两次尝试都失败的一个根本原因。既然如此，教学能否反其道而行之，将两个知识点进行时空上的隔离，进而实现有效的拉开呢？下面是我的尝试。

教学开始，我用CAI课件呈现下面两道题：

1. 把12颗糖平均分成2份，每份是多少颗？
2. 把12颗糖平均分成4份，每份是多少颗？

"会做吗？"伴随着我的提问，学生脸上露出不屑的神情。

"这是二年级的题目，我们都读五年级了，还不会做？"

"用总数量除以平均分的份数，就得到每份数，到二年级随便拉一个学生保证都不会出错。"

听到学生的回答，我不慌不忙，又抛出第三道题：

3. 把12颗糖平均分成24份，每份是多少颗？

"现在呢？"

"换汤不换药。和上面一道题还不是一样？只不过平均分的份数多了一点，每人分到的不是一个整数，不够一颗，要用分数表示。计算复杂了一些，但实际上还是二年级的题目。"

听了学生的回答，我故作夸张，竖起大拇指："真了不起，同学们怎么都变成孙悟空了，都像有火眼金睛一样，能透过现象看本质。不过，老师想增加难度，再考考同学们。下面这两题会做吗？"伴随着我的提问，CAI课件呈现：

1. 把3千克的苹果平均分成5份，每份是（ ），2份是（ ）。
2. 把单位1平均分成5份，每份是（ ），2份是（ ）。

很快，学生完成了练习。交流汇报后，我故作惊诧："怎么？这两题的题目完全不同,答案却完全一样!这是怎么回事?"

"老师,我觉得这两题实际上是一样的,第一题里'单位1'就是指'3千克的苹果',因此这里'3千克的苹果'可以换成'单位1',如果一换,两题就完全一样了。"

"是吗?这个'单位1'除了可以指3千克的苹果,还可以指什么?"

"可以指2块蛋糕。"

"可以指4张圆形纸片。"

"可以指10米长的绳子。"

……

伴随着学生的回答,我利用课件,现场快速地改编了以下几题:

3.把2块蛋糕平均分成5份,每份是(　　　),2份是(　　　)。

4.把4张圆形纸片平均分成5份,每份是(　　　),2份是(　　　)。

5.把10米长的绳子平均分成5份,每份是(　　　),2份是(　　　)。

"现在,你们认为答案可能是多少呢?"

"仍然是$\frac{1}{5}$与$\frac{2}{5}$。"

"为什么?"

"因为不管具体的物体怎样变,数量怎样变,它们实际上都可以换作三个字:单位1。根据分数的意义,把单位1平均分成5份,其中的1份就是$\frac{1}{5}$,2份就是$\frac{2}{5}$。"

"换句话说,五年级这些题目中,物体的名称与物体数量的多少有没有关系?为什么?"

"没有。因为它们都可以换作单位'1'。"

"二年级的呢?"

"二年级提的问题后面有单位,说明和物体的数量的多少有关系。"

"很好!老师这里还有几组对比题。不过,做之前,老师请想同学们首先思考,哪些是二年级的题,哪些是五年级的题?如果是二年级的题,应该怎样算?如果是五年级的题,我们不妨先做什么?如果你都思考清楚了,请在操练本上写下算式与答案。"

这一次，结果出乎意料地圆满。究其原因，教者从存同求异的"胡同"中跳离出来，而是从学生的角度——时间为阶段，对二者予以划分，并辅以夸张化的话语，"激将"学生："哪些是二年级的题？哪些是五年级的题？""二年级的题你们会做吧？"进而使学生在自我增压中实现了二者的分离，取得了既定的教学效果。

都是"方便记忆"惹的祸

在送走的一届又一届学生当中，每一年都有口算基础比较弱的。这不，今年又遇到了这样一个男生。"38÷5＝？商究竟要试几？"学生在脑海里反复掂量，半天都说不出一个答案。乘法口诀不熟练，和以往一样，我把学生不会试商归咎于学生乘法口诀的不熟练。于是，给他布置了背乘法口诀的任务。

可是，第二天出一道类似的题，学生居然又答不上来。气愤之余，检查昨天的作业，出乎意料地，九九乘法口诀表学生倒背如流。

看来，不是口诀不熟练。可问题究竟出在哪里呢？望着学生茫然而又无助的表情，联想到以往也有类似的经历，我意识到必须厘清症结，给学生某种帮助。

众所周知，乘法口诀表有两种："小九九"乘法口诀表和"大九九"乘法口诀表，"小九九"乘法口诀表有 45 句，"大九九"乘法口诀表有 81 句。为了减少记忆量，不管是北师大版教材，还是人教版、苏教版教材，教科书上提供的都是"小九九"乘法口诀表，这在方便记忆的同时，也给试商带来了一定的麻烦。

具体地说，当商大于除数的时候，如"45÷5＝？"，学生遇到这一算式的时候，他的脑海中总是先浮现 5 的口诀，可是，在 5 的乘法口诀中，最大是"五五二十五"，找不到"五几四十五"。部分学生就卡在了这里。

无独有偶，商小于除数也有类似的困扰。如"63÷9＝？"，学生见到除数是 9，难免要先想到 9 的口诀，九几三十六呢？可是，在"小九九"乘法口诀里，没有九几六十三，学生背得滚瓜烂熟的是"七九六十三"，不熟悉"九七六十三"。

看来，是"方便记忆"惹的祸！

为了弥补"小九九"这种缺陷，我采取了两种策略：1. 课内引导学生补充背诵

"大九九"乘法口诀表;2.指导学生读"小九九"乘法口诀表时,除横着读,竖着读,还增加了转弯读。如五的乘法口诀,"一五得五,二五一十……"当学生读到"五五二十五"时,我没有打住,而是引导学生继续往右下拐:"五六三十,五七三十五,五八四十,五九四十五。"事实证明,这样教学之后,那个学生不再困惑,因为再遇到"45÷5＝?"的时候,他读到"五五二十五"发现不够45,这时他就按照拐弯读的方法,继续读出:五六三十,五七三十五,五八四十,五九四十五！进而联想到得数是9。

读懂学生,读懂学生的错误,不是一个新话题,但真正做到却着实不容易。解读学生的错误,最忌讳的便是教师想当然。事实上,教师在解读学生的错误时,大多都是根据已有的数学经验去诊断错题发生的原因(上述案例中我最初也是这样做的)。然而,当连续几次的提醒与纠正后,相似的错误仍在学生中屡次出现,这时作为教师的我们必须蹲下身来,静静反思我们的教学,因为学生反复的错误在一定程度上折射出我们教学中的偏差！

教学,贴着学生的思维前行

分数不仅可以表示部分与整体、一个物体与另一个物体的关系(即分率),更可以表示一个具体的数量。但是,在生活中很少用分数来刻画物体的数量,而且教过高年段的教师都知道,分数是作为部分与整体的一种关系进入学生视野的。这就给学生一种错觉,只要一看到分数,就下意识地将分数理解为分率。为了克服这一种理解,很多教师想了很多办法,甚至不惜让学生背诵以下规律:分数后面有单位,表示数量;分数后面没有单位,表示分率。但效果仍不甚理想。究其原因,抽象化的记忆没有真正走进学生尤其是学困生的心里。因此,一遇到实际问题,学生尤其是学困生就迷糊了。于是,如何让教学贴近学生的思维实际？如何让学生深入浅出地理解分数"分率"与"数量"这两种属性之间的差别？就成了高年段教师一个头疼却又不得不面对的难题。近日,观摩一位教师的推门课,其朴实而独特的处理方法让人眼前一亮,特笔录如下,与大家分享。

[片断回放]

出示：

一批饮料有 $6\frac{1}{2}$ 盒，喝了 $\frac{1}{2}$ 盒后，还剩多少盒？

一批饮料有 $6\frac{1}{2}$ 盒，喝掉 $\frac{1}{2}$ 后，还剩多少盒？

师：读一读，你有什么发现？

生：我发现这两题的数字完全相同。

生：我发现饮料原来的数量相同，所求的问题也相同，都是求还剩下多少盒饮料。

师：有什么不同？

生：一个 $\frac{1}{2}$ 有单位，一个 $\frac{1}{2}$ 没有单位。

生：一个直接告诉我们喝了多少盒饮料，一个没有直接告诉我们喝了多少盒饮料。

师：$\frac{1}{2}$ 有单位表示什么意思，没有单位表示什么意思？谁能画一画图，把这两题的不同用图表示出来？看谁画得最形象、最生动，让别人一看就能明白。

（学生自主画图，教师巡视，挑选典型画法全班交流）

生：我画的是线段图（图3-29），我首先画一条线段表示 $6\frac{1}{2}$ 盒，第一题喝了 $\frac{1}{2}$ 盒，第二题喝了整个的一半。求剩下多少盒，也就是求"?"部分是多少盒。

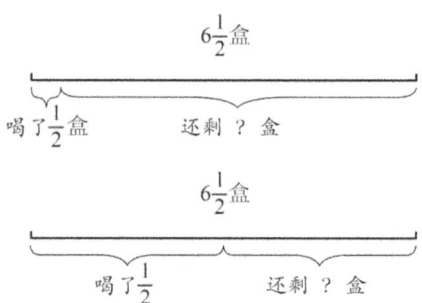

图3-29

师：他画得怎么样？

生：我觉得他画的是对的，但是我觉得他这样画对理解题目意思没有多大帮助。我是这样画的（图3-30），我用一段线段表示1盒饮料，6段就表示6盒，再加半段合起来就表示$6\frac{1}{2}$盒。第一题喝了$\frac{1}{2}$盒，就是指图中最后的半段，第二题喝了$\frac{1}{2}$，是指整个长度的一半。

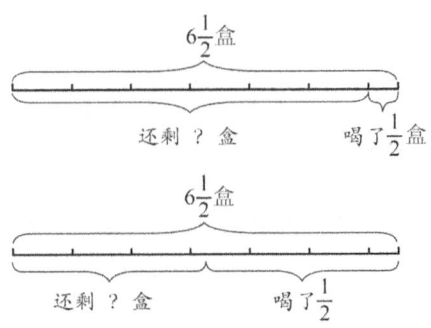

图 3-30

生：老师，我觉得这题用线段图不直观，画成杯状最直观。我用一个正方形代表一盒饮料（图3-31），$6\frac{1}{2}$盒就画7个正方形，前面6个正方形全部涂色，后面一个正方形涂一半，表示半盒。第一题喝了$\frac{1}{2}$盒，就是指喝了剩下的半盒，第二题喝了$\frac{1}{2}$，是指所有饮料的一半。这样，$\frac{1}{2}$和$\frac{1}{2}$盒的区别一下就看出来了。

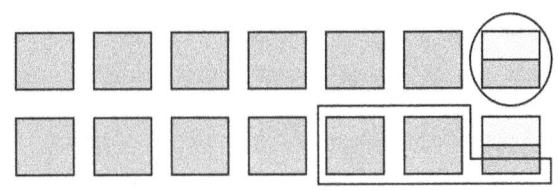

图 3-31

（全班鼓掌）

师：$\frac{1}{2}$和$\frac{1}{2}$盒的区别明白了吗？

生：$\frac{1}{2}$表示一半，至于这一半是多少，就要看表示单位"1"的饮料有多少，所

以 $\frac{1}{2}$ 是分率,而 $\frac{1}{2}$ 盒就是半盒,表示一个具体的量。

师:现在谁会做这题?

(学生做题后,教师组织交流)

师:老师还想把这题改一改。(CAI 课件闪烁 $6\frac{1}{2}$,闪烁几下后省略 $\frac{1}{2}$ 变成 6)请同学们读题,现在你又有什么发现?

一批饮料有 6 盒,喝了 $\frac{1}{2}$ 盒后,还剩多少盒?

一批饮料有 6 盒,喝掉 $\frac{1}{2}$ 后,还剩多少盒?

生:我觉得一个分数如果后面有单位,就和以前学的整数、自然数、小数一样,都表示具体的数量。

生:这样一换后,就变得和我们三年级学的一样了。

……

教学,贴着学生的思维而行!这在上述案例中得到了很好的体现。具体地说,针对学生"量"和"分率"分辨不清这一实际,教师首先呈现两道相似的题目,让学生比较,使学生直观地感受二者的不同。但是,由于生活经验的限制,也由于先前学习的影响,学生尤其是学困生此时的感受是蒙胧的、不清晰的,他们的感受更多地只停留在字面的直接差异上。因此,在学生争先恐后畅所欲言后,教师没有被表象所迷惑,而是顺水推舟,以石击水,"$\frac{1}{2}$ 有单位表示什么意思,没有单位表示什么意思?谁能画一画图,把这两者的不同用图表示出来?"理解了,如何深入浅出地表达,应该说,这对所有学生都是一种挑战。在学生自主画图表示"$\frac{1}{2}$"和"$\frac{1}{2}$ 盒"的区别之后,教师没有只展示抽象的线段图(图 3-29),也没有按照从具体到抽象的顺序展示学生的示意图(图 3-31→图 3-30→图 3-29),而是反其道而行之,由抽象到具体(图 3-29→图 3-30→图 3-31)。表面看来,这有悖常理,但仔细想想,很是精妙。一方面,这可以打破学生的思维定式:图越抽象越好,线段图最好!另一方面,学生在直观图的观照下,反而更容易厘清 $\frac{1}{2}$ 和 $\frac{1}{2}$ 盒的区别。附带地,也能体验到具体问题具体分析的思想与方法。

但贴着学生思维前行的地方不止于此,利用 CAI 课件的即时互动功能,教师更进一步,将两题中表示饮料数量的 $6\frac{1}{2}$ 闪烁变成 6,将原题进行改组,并征询学生的发现。至此,学生豁然明白,虽然题目在变,但数量关系没变,只要把有单位的分数想成整数、自然数、小数,那么所有的题在某种程度上就和以前接触过的整数应用题、小数应用题一样。这样,不仅将新知纳入到学生已有的知识结构中去,同时学生在由此及彼、由表及里的不断深入中深刻地洞察了知识的本质!

寻找贴近儿童的思维通道

教育就是教师尽可能地蹲下来,用贴近儿童、儿童熟悉的方式将知识传授给学生。能认识到这一点已经很不容易,做到这一点尤其是教学每一个知识点都努力做到这一点就尤为困难。不过,最了解儿童的还是儿童。因此,让儿童教儿童应该是一条事半功倍的捷径。

今天的数学课上,方惟佳同学让我再一次深刻感受到了这一点。

图 3-32

如图 3-32,长方形的面积是 96 平方厘米,长与宽的比是 2∶3。长是多少?宽是多少?

这道题的解题方法大同小异,但归纳起来主要有两种:1. 分解因数的方法。$96=1\times96=2\times48=3\times32=4\times24=6\times16=8\times12$,这几组因数中只有 8 和 12 的比是 2∶3。因此,长方形的长是 12 厘米,宽是 8 厘米。2. 用方程解。设长方形的长是 x 厘米,则长方形的宽是 $\frac{2}{3}x$,由 $x\times\frac{2}{3}x=96$,解得 $x=12$。

第二种方法是成人特有的方法,而且它是一个一元二次方程,超出了小学生的知识范围。因此,教师往往用的是第一种方法。但第一种方法颇有些繁琐,并且思维量很大,学生理解至少要综合两个方面的知识:分解质因数,具体到本题,就是把 96 有序分解成两个数相乘;观察每一组因数,看乘积是 96 的因数中哪两个的比是2∶3。

可以想象,同时完成这两个任务,对中等尤其是中等偏下的学生有些困难。因此,每次测试都有几乎一半的学生不能独立完成或根本不想尝试。

今天学习"比",又遇到这一道题。我放手让学生自主尝试、自主讲解。结果,除了上面的方法,一个从不学奥数,很少参与课堂讨论,但阅读量非常丰富的男孩(方维佳)提出的方法,得到了所有学生,尤其是中等及中等偏下的学生的悦纳和认同。他的解法是:

如图3-33,长方形的长与宽的比是3∶2,将长平均分成3份,宽平均分成2份。这样,就将长方形分成了2×3=6个小正方形,每个正方形的面积是96÷6=16平方厘米,正方形的边长是4厘米。长有3个4,是12厘米,宽有2个4,是8厘米。

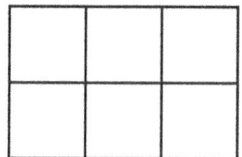

图3-33

教育即生活,生活即成长,成长比成功更重要。不要让孩子的双脚过早地离开生机盎然的大地。须知,英雄安泰的力量就来自于大地母亲!没有原生态的生活,没有纯真的成长,儿童的成长是不完整的,拥有也是不和谐的。从这一点来讲,让儿童教儿童,某种程度上就是把握教育的度,站准教育的位,用儿童的思维方式来促使儿童自然快乐地生长!

角度一变天地宽

"分数的意义"是学生在学习了把一个物体、一个图形、一个整体平均分成1份或几份,用几分之一或几分之几表示的基础上,进一步明晰分数的内涵,抽象分数的概念,并认识分数单位。这里,单位"1"的教学是重点,单位"1"可以指一个物体、一个计量单位,还可以指由许多物体组成的一个整体。

由于学生正处于具体形象思维向抽象逻辑思维过渡的阶段,基于这一特点,教师在教学时常常有意无意地强化把一个整体看作"单位1"。这无意中使学生一看到许多物体,就下意识地把它看作"单位1"。如"用分数表示图 3-34 的涂色部分",很多学生就认为涂色部分应该用 $\frac{9}{12}$ 表示。

图 3-34

问其原因,学生振振有词:把这三个正方形平均分成了 12 份,阴影部分占 9 份,所以用分数 $\frac{9}{12}$ 表示。

虽然教师反复纠正,并且提供了对比练习(图 3-35),但正如认识心理学指出的,并不是所有的对比练习都能促进正迁移,相反,当两者特征完全相反时,这时进行对比练习反而更容易引起学生认识上的混乱。因此,完全可以预见,当类似的题目再次出现在学生面前时,学生还是会犯类似的错误——教者以往的教学经历也反复验证了这一点。

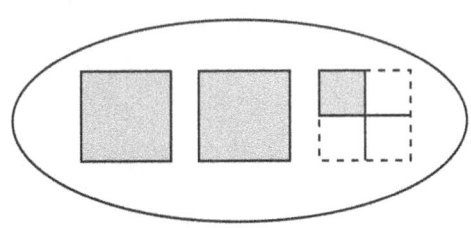

图 3-35

人类历史上最早产生的数是自然数(正整数),用一个作标准的量(度量单位)去度量另一个量,正好量尽,这时就用一个整数来表示度量的结果。当不能正好得到整数的结果时,就产生了分数。

分数与整数一样,都是人类度量计数的结果。这给我们的教学以启示。下面是我再一次的尝试。

课一开始,我出示 2 个正方形(图 3-36)。问学生:"有几个正方形?"

提大问题，做大气的数学教师

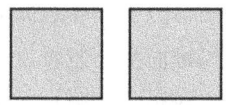

图 3-36

"2个。"学生异口同声。

我拿出同样的正方形："现在呢，这样的正方形有几个？"

随着我在黑板上逐步张贴，学生口中念念有词："1，2，3，……"

出示图 3-37：

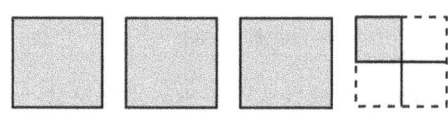

图 3-37

"3个再加上 $\frac{1}{4}$ 个。"

"3个加上 $\frac{1}{4}$ 个，在数学上我们一般用带分数表示，写作：$3\frac{1}{4}$。"我边说边讲解。

"如果不用带分数，又应该怎样表示？"

"$\frac{13}{4}$。"

"13 哪来的？"

"一个正方形有4份，3个完整的正方形是12份，加上最后的一份，一共13份。"

"为什么不用分数 $\frac{13}{16}$。"

"老师，有3个正方形，而 $\frac{13}{16}$ 还不到一个，当然不能用。"

"老师，这里是数正方形有多少个，应该一个一个地数，应该把每个正方形都看作'1'，而不是把它们合起来看作'单位1'。"

"如果把它们合起来看作'单位1'，应该怎样表示？"

"一般应该在它外面画一个圆圈或框框。"

"是这样吗？"随着学生的回答，我出示下图（图 3-38）。

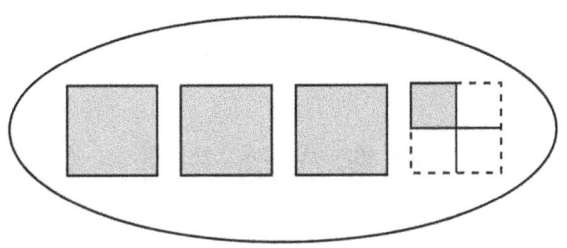

图 3-38

"是的。"学生点了点头。

"下面涂色部分(图 3-39)又应该用什么分数来表示呢?"我趁热打铁。

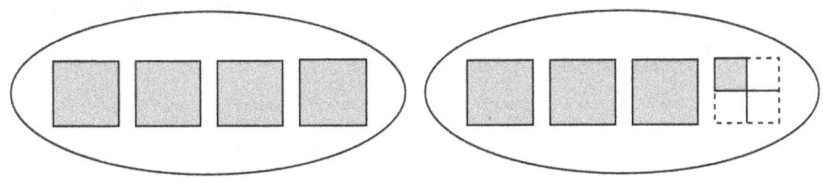

图 3-39

"$1\frac{13}{16}$。"

"为什么不写成分数 $7\frac{1}{4}$ 呢?"

"老师,这里应该是一个整体一个整体去数,就好像我们买乒乓球,有的时候一个一个地数,但如果买的多,我们一般一盒一盒地数……"

同一个教学内容,可以有不同的解读角度,这取决于教学的目标设计。重构一个教学设计的目的也不全是以新换旧,更重要的意义在于思考不同设计的教学价值。第二次教学中,我们跳出"单位1"教"单位1",从数的产生的源头溯起,把分数与整数一同纳入到度量的轨道,无意中给了学生一种整体视野。在这种整体视野的引领下,学生能很自然地解决"把谁看作'单位1'"的难题。当然,作为附带的收获,几天后才有可能接触的带分数与假分数的互化,也已悄然"渗透""铺垫"到了学生的学习和经验之中。

学生为什么多次踏进同一条河流

希腊哲人赫拉克利特说:"人不可能两次踏进同一条河流。"可是,在同一个地方我们却跌倒了好几次。

这是市里的一次同课异构,研讨的内容是北师大版《数学》五年级上册"买票的学问"。每当我们呈现主题图(如图 3-40),总有几个学生钻进了牛角尖。

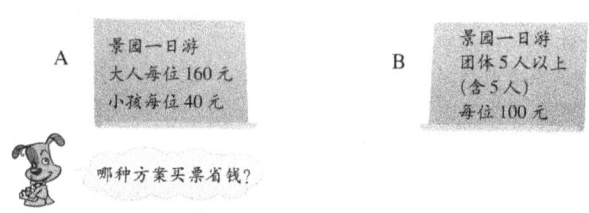

图 3-40

"团体 5 人(含 5 人)什么意思?是不是必须得 5 人或 5 人以上?如果是 4 个人能不能买团体票?"

"4 个成人买个体票每张 160 元,4 张一共 640 元。但如果买团体票,团体票每张 100 元,4 个人买 5 张也只需要 500 元。换句话说,4 个人买团体票即使浪费一张门票,也可以少花 140 元。"

"更何况,多的那张门票也可不浪费,把它打折卖给其他游客,这样又可以多省 100 元!"

一石激起千层浪!大家你一言我一语,争论的焦点已完全转移到如何处理多出来的那张门票上来。虽然教者尝试用道德规范来引导学生思考这样"操作"是否合适,但在如何买票最划算这一大的课题背景下,道德引导在此显得是如此苍白无力。更为关键的是,"买票的学问"本意是让学生根据人数不同、人员组成的不同灵活选择不同方案进行购票。可是,由于部分学生而且是有"影响"的聪明学生钻牛角尖,课堂却不得不把大量的时间聚焦在研究如何处理多出来的那张门票。显然,这是对教学主旨的一种偏离,当然也是对宝贵课堂教学时间的一种浪费。

因此,教师有必要对上述情况作出一番回避。如何回避呢?经过分析,发现问题主要出现在数据上。正如前文所说,一张成人票160元,一张儿童票40元,换句话说,一张成人票可以折换成4张儿童票。考虑到游乐场的顾客主要是儿童,成人主要是陪儿童去玩的,而成人票价和儿童票价相差如此之大显然有些不合情理。这是其一。其二,4个成人买5张团体票,即使浪费1张也比买4张个人票更划算。作为一个社会机构,深思熟虑、反复斟酌后正式推出的售票方案,不可能有如此大的漏洞。从这两方面思量,上述数据可以而且应该作一些改动,如将每张大人票改成120元,每张儿童票改成80元。事实上,这样调整后,课堂就再也没有遇到类似的尴尬。

问题即课题,教学即研究,成长即成果。作为一名工作在第一线的草根教师,课堂无时无刻不产生着问题。面对这些问题,我们是席地而坐,望眼等待;还是信己是树,持己如花,沉下心来,潜心思考?答案无疑是后者。虽然这不可能会一帆风顺,始终会有曲折、迂回甚至困扰,但我们不必恐惧,不必歉疚。因为,思考过就不用说抱歉!

第四章
触摸课堂

校园不比森林，教育没有权力通过竞争淘汰那些生而平等的孩子，教师的职业操守不允许教师只是欣赏松涛、呵护白桦。于是，如何造就一种新的课堂生态，让百花争艳、百舸争流，让"乌龟"和"兔子"各显风流，发现每棵树的生存价值和生长需求，就成为课堂的重大挑战。

数学教学，我们迷失了什么

基础教育课程改革的东风吹遍了课堂教学的每一个角落，现在步入任何一个新课程实验的课堂，我们都会欣慰地看到：尊重代替了束缚，开放代替了封闭，自主建构代替了被动思考……然而，我们的内心也隐隐升腾起一丝不安：我们的数学课堂在自主、活跃、生动的同时，却好像失去了一些什么。下面，我们通过对一些问题进行反思，力求把我们心中的不安作一番梳理。

生活的外延是否就等于数学的外延？

在讨论这一个问题前，我们先来看一个案例："两位数加两位数"（"100 以内加法"）（人教版《数学》二年级上册），教师首先创设了一个情境：博物馆开张了，(1)、(2)、(3)、(4)班的同学想一道去博物馆参观历史文物，可学校只联系了两辆车。"你们看，哪两个班合乘一辆车比较合适呢？"教师边说边相机出示信息：每辆车限乘 70 人。"什么叫限乘？""限乘包不包括司机？"一位学生提出这样的疑问。"不包括，限乘是针对乘客而言的，是提醒司机这辆车最多能装载多少乘客的，所以不应该包括司机。""应该包括司机，既然是限乘，就应该指车上所有的人，司机也是人，当然也应该包括在内。"到底包括司机吗？教师按照观点把学生分成两派，让其自由辩论。于是，班上学生你一言、我一语，课堂气氛也就在唇枪舌剑中，在针锋相对里，达到了最高潮。单独看这一个教学片断，应该说教师是尊重学生的，教师也是顺应学生的兴奋点调整教学的，在生生互动中，学生的思维是活跃的，辩论也是精彩的……但问题的关键是，"两位数加两位数"是一节数学课还是一节生活常识课？是应该教给学生数学知识还是生活常识？上述教学中，那位教师显然忽视了这一根本问题，把本应教数学基本知识和基本技能的宝贵的课堂时间用来讨论与本节课教学目标关系不大的生活常识问题，使一节本该有浓郁数学气息的数学课演变成了一节生活常识课、一节语言辩论课、一节文字考究课。这不能不引起我们的思索：生活的外延就是数学的外延吗？生活中的所有内容都是我们数学课应该教学的内容吗？如果是，数学课和语言文字课、生活常识课，其至生物自然课有什么区别？数学又凭什么作为一门独立的学科而存在？

但这仅仅是问题的一个方面，问题的另一个方面——对非数学性问题的过多关注，必然导致教师传授数学基本知识和数学基本技能的时间相对不足，也必然导致每一课时数学教学目标难以落实和完成。"皮之不存，毛将焉附"，没有了数学基本知识和基本技能的落实，没有了数学思想和数学方法的保障，学生的数学学习还能否称得上是"数学的学习"？学生的数学学习还有何实际意义？著名教育家叶圣陶先生面对弃语言文字训练的语文教育，曾语重心长地对广大语文教育工作者说："语文首先姓语。"其实，对于广大数学教育工作者来说，数学又何尝不是首先姓数呢？

学生的思维活跃了是否就等于学生的思维深刻了？

应该承认，新课程实施以来，我们的课堂活跃了，我们的学生自主了，我们的教学更关注学生的独特感受了。但是，透过这"活跃""自主"和"独特"的背后，我们是否注意到：我们的数学课堂缺少了深层次的思维，我们学生的智慧缺少了实实在在的挑战？有这样一个案例：人教版《数学》一年级上册"连加"教学，教师首先用课件呈现教材情境：地上原有5只觅食的小鸡，然后从竹林后面又跑来2只小鸡，最后再出现1只小鸡。"要求地上一共有多少只小鸡，怎样求？怎样列算式？""5+2+1。""5+1+2。""2+5+1。""2+1+5。""1+5+2。""1+2+5。"……从学生的回答中，我们可以清楚地看出：学生的思维是活跃的，甚至可以说是亢奋的，他们基本列出了所有可能的算式。但是，这就够了吗？仔细观察这些算式，我们就会发现上述算式不过是学生同一思维策略的不同表述，即"'原来的小鸡''先来的一部分小鸡''最后来的那部分小鸡'三者相加"这一思维策略的不同表述，学生变换的只是形式，思维的实质没有发生根本改变。因此，在此基础上的学生的活跃不能说是深层的活跃，只能说是一种肤浅的、外在的、浅薄的活跃，是单纯为了追求多样而多样的活跃。显然，这不仅与"数学是学生思维的体操"这一追求相违背，也不利于学生对"整体就是各部分之和"这一根本知识点的深刻建构。鉴于此，我认为，"连加"教学要实现深入，就应该打破单一思维的束缚，追求一种策略多样化的教学。如教师可以改换一下情境：十字路口，红灯亮了，许多型号不同、颜色各异的车辆在不同的车道停了下来。"同学们，你们看到了什么？""许多车在十字路口停了下来。""你们可以把这些车分类吗？"由于家庭环境和知识背景不同，学生的分类标准自然各不相同：有按照汽车的排列顺序分的,前面有 2 辆,后面有 3 辆,中间有 3 辆;有按车道来分的:靠近人行道的车道有 2 辆,中间车道有 5 辆,最里面的车道有 1 辆;有按汽车颜色来分的:红色车 3 辆,黑色车 2 辆,白色车 2 辆,黄色车 1 辆;还有按汽车型号来分的:大客车 1 辆,小轿车 4 辆,货车 3 辆……"那么,一共有多少辆汽车呢?"分类的标准不同,学生列的算式当然也多种多样:2+3+3、2+5+1、3+2+2+1、1+4+3……这样,不仅实现了多样与独特的统一,同时也有利于活跃和深刻的融合。此时,教师只要顺水推舟地问一句"参照的标准同样都只有一个,为什么按型号、顺序、车道分只有三个加数(1+4+3、2+3+3、2+5+1),而按颜色分就有四个加数(3+2+2+1)",那么,学生在对比、辨析、交流讨论中就很容易明白"整体分成了几个部分,那么整体就应该等于几个部分的和"。

教学目标宽泛了是否就等于教学目标淡化了?

毋庸讳言,新课程实施以来,学生学业水平两极分化的趋势更加严重了。传统教学中,学生一般是在中、高年段才出现显著差异,可如今,在部分实验区,学生读完一年级就差别明显。为什么会出现这种情况?客观原因固然很多,如新课程新理念新教学方式、评价制度滞后于课程改革的步伐等。但不容置疑的是,我们自身目标意识的淡化、弱化也是造成学生两极分化愈加严重的一个重要原因。因为工作关系,我曾两次听一位教师执教的推门课。第一次该教师执教的是"2、3、4、5 加几"。两个月后,我又一次推开了这位教师班级的大门。这一次,这位教师执教的是"9+几"。令我感到惊奇的是,在学生汇报的众多算法中,我又发现了一个算法的身影:1,2,3,……在一次市级观摩课上,我问执教"9+几"(人教版《数学》一年级上册)的教师:"你是怎样看待'凑十法'的?你又是如何评价你的学生用其他方法算出'9+几'的答案的?""'凑十法'是进位加法的一种基本算法,是课时目标中提倡让学生努力尝试掌握的一种方法。但'凑十法'不是唯一方法。如果学生用其他方法算出了'9+几'的答案,我也应该予以肯定。"从谈话中我们可以看出,这位教师对本节课的知识目标是有一个清晰的认识的,对进位加法的基本算法"凑十法"也是予以了关注的。但认识了、关注了就等于重视了、落实了吗?从课堂练习中,从教师提问的反馈里,我们发现,相当一部分学生始终选择的是自己的算法。或许有教师会说:"这也无可厚非呀!新课程不是允许学生用自己的方式、用自己的速度学习数学吗?学生坚持用自己的方式解决数学问题不正体现了新课程尊重学生个性的理念吗?"的确,如果单从这一角度来理解上述教学未尝不可,但如果换一个角度去思考,我们可能就会得到截然不同的结论。众所周知,人都是有惰性的,当一个人没有外在压力时,他总是习惯于用自己熟悉的方式去解决问题。因此,学生,尤其是反思意识极差的、大班额授课制下的低年级学困生,如果没有教师有意识的要求,如果没有课堂练习有计划的强化,他们能在多大程度上实现对自己已有知识和经验的主动提升和超越呢?进而,又能在多大程度上将那些现行知识体系下相对比较基本的方法转化成自己的自觉意识和行动呢?如果不能做到这两点,其结果当然是时间越久,和学优生差距就越大。但问题还不只于此,因为这样造成的两极分化,尚可看作是教师的"无心之失",相比之下,有些两极分化简直可以说是教师"有意为之"。这样说或许有些偏激,但不能否认的是,"尊重学生"正越来越成为部分教师完不成课时目标的借口,"用自己的方式""用自己的速度"也越来越成为部分教师让学生重复、因循已有知识和经验的托词。现在课堂上不是经常有课讲不完的现象吗?报刊上不也经常刊登关于因关注课堂中的偶发事件而置已有的教学计划而不顾的文章吗?至于不问青红皂白,对学生比较幼稚的方法哄然叫好,其流毒所及,更是让学困生以方法后进为荣了。

没有力度和深度的教学是苍白的,学生的心中有一杆秤,称得出教师教学的分量。写到这,我忽然明白了,我们的数学课堂缺少了一些数学味,缺少了一些深度,缺少了一些我们传统教育特有的朴实和扎实……

希望我们泼洗脚水不要连孩子一起泼掉!

重构一个教学设计的目的是什么

重构一个教学设计的目的并不是为了以新换旧,而是为了弥补以往设计中的不足。以北师大版《数学》一年级上册"认识钟表"教学为例。"认识钟表"以往设计的不足在哪里?或者说,教学不尽如人意的地方在哪里?我认为,主要是教学难点突破的有效性的不足。具体表现在学生认识半时时通常只注意到分针指向6,而时针的具体位置则很少关注。如很多学生认为9∶30的钟面图应该如下图4-1左所示,此为其一。

其二,如图 4-1 右所示,时针在 9 和 10 的中间,那么究竟是 9 时半还是 10 时半呢?虽然教师反复纠正,但还是有很多学生犯糊涂。

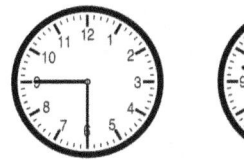

图 4-1

显然,教学设计应以有效厘清这两点为朴素追求。如何厘清呢?我们进行了如下尝试。

[片断回放]

(在学生初步学会认读半时后,教师展示一些半时的钟面)

师:同学们观察这些半时钟面,你有什么发现?

生:分针都指向 6。

师:(板书:分针指向 6)还有没有补充?

生:我补充一点,除了分针指向 6,时针都在格子的中间。

师:"格子的中间"是什么意思?

生:相邻两个数字之间有一大格,如果是半时,时针就正对着格子的正中间。

师:是吧?这一点重不重要?重要!有多少同学注意到了?(生举手)哦,没注意到的还不少!说明这一点很容易被忽略。为了表示强调,我们用红色的粉笔记下来。(板书略)

师:现在会认读半时了吗?老师出示几个钟面考考你们。

(师生互动略)

师:果然难不住同学们,不过老师还不信,还想考考同学们。(出示图 4-2)现在钟面是几点?

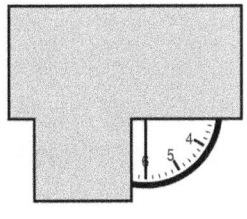

图 4-2

生:只能知道是半时,具体是几时半不知道。

师:要想知道是几时半,该怎么办?

生:还要看时针。

师:(移开纸面)现在呢?知道了吗?

生:7时半。

师:了不起!(出示图4-3)再看一个钟面。能确定吗?

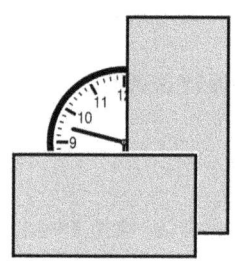

图4-3

生:我觉得应该是9时半。

师:能肯定吗?

生:能。因为时针指在9和10的中间,如果分针不错的话,我就能肯定是9时半。

师:你们呢?也是这样认为的吗?

生:是。

师:为什么不是10时半?

生:在9和10的中间,是9时半。

生:在9和10的中间,说明过了9,还没到10,也就是还没到10点。没有到10点,说明是9时多。所以,应该是9时半。

师:到哪里才是10点?(生指略)现在到了10点没有?没有就说明是9时多。明白了吗?

生:明白了。

师:还有没有补充的?

生:老师,我是这样理解的。钟面上有12个数字,每个数字后面都有一格,每一格就好像是时针的一个家,12格代表时针有12个家。(指钟面)9的家是从这里到这里,时针没到10,说明还在9的家里,所以应该是9时半。

第四章 触摸课堂

师:刚才这位同学说了一个很有意思的想法,同学们听懂了没有?(生点头)他说12格就好像是时针的12个家。时针的第9个家在哪里?(生答略)

师:(转动时针)现在时针还在不在第9个家里?

生:在。

师:(转动时针)现在呢?

生:仍然在。

师:(转动时针,指向10)现在呢?

生:不在了,进入了第10个家。

师:既然进入了第10个家,还能不能说9时多?

生:不能。应该是10时多了。

师:那刚才呢?

生:刚才都是9时多。

师:你是这样的意思吗?同学们觉得他的想法怎样?(生鼓掌)老师代表同学谢谢你,你有创意的想法帮同学们解决了一个难题。

删繁就简,对症下药!这在上述案例中得到了很好的体现。具体地说,在学生初步认识半时后,教师有意识地呈现了一些"半时"钟面,引导学生观察,进而总结规律:半时分针都指向6,时针都在"格子"的中间。考虑到学生主要是对第二点重视不够,因此教师将学生的发现板书在黑板上时,特意将第二点用彩色粉笔书写,很好地引起了学生的注意。

不仅如此,在此基础上,教师还匠心独具地设计了一个环节——猜时间:只看露出来的时针或分针,你能猜出是几时或几时半吗?在猜的过程中,学生自然发现,在钟面正确的前提下(下同),只看分针,只能确定是整时或半时,但究竟是几时或几时半,却不能肯定。而先看时针,不仅能确定是整时或半时,而且能确定是几时或几时半,从而引起学生对时针位置的特别关注,进而很好地突破了第一个难点。

当然,如此一来提前引爆了第二个难点。正如案例中呈现的,图4-3究竟是9时半还是10时半呢?由于此时观察指向非常单一,只用看时针,学生心无旁骛,自然有利于聚焦难点,厘清疑点。"过了9点,到了10点没有?""没有。""没有到10点,说明应该是9时多,也就是9时半。"

教学到了这里,效果应该不会太差。但教师没有止步于此,因为教师知道,过于理性的成人化思维远离学生的最近认知发展区,很难真正"走"进学生的心里。事实上,这正是部分学生反复出错的根源所在。鉴于此,当学生把钟面想象成鳞次栉比的12个房间时,面对学生的这一"异想天开",教师没有置若罔闻,更没有"一棒子打死",而是敏锐地捕捉到其中的合理因素,并适时放大:"如果把12格看成时针的12个房间,那么图4-3的时针仍在第几个房间里?所以应该是什么时间?"这样不仅张扬了学生的创造力,而且深入浅出地、以学生易于接受的方式解释了之所以是9时半而不是10时半的原因所在。

简单的技能背后隐藏着什么

小学数学,从解题意义上来讲,很简单;但是从奠基意义上说,却很不简单。仰望星空的人,看得到1+1=2中的函数思想,看得到试商等"笨办法"中"大智若愚"的一面,看得到如此初等的数学背后长长的思想隧道;有教育智慧的人,会把复杂的东西教得简单,会把简单的东西教得有厚度,会让人从一个概念、一个公式、一个算法中看到整个学科的魅力。应该说,前不久听到的"小熊购物"(北师大版《数学》二年级下册)一课似乎让我咂摸出这一段话的意味。

[片断回放]

(教师创设情境,学生自主思考,在讨论分步算式的基础上引出综合算式6+3×4)

图4-4

师:看得明白这个算式吗?

生:他列的是综合算式。3×4表示4个面包的价钱,加6是4个面包和1瓶饮料一共要付多少元。

师:他是将刚才哪两个算式综合起来的?

生:3×4=12(元),12+6=18(元)。

师:将这两个算式综合成一个算式还可以怎样列?

生:3×4+6。

师:很好!求胖胖一共要付多少元,同学们整理出了两个综合算式,那么综合算式怎样计算呢?是老师教还是同学们自己尝试?

(学生选择自己尝试。教师巡视,寻找典型算法。请学生板书如下)

$$6+3\times 4 \qquad\qquad 6+3\times 4$$
$$=6+12 \qquad\qquad =9\times 4$$
$$=18(元) \qquad\qquad =36(元)$$
$$(1) \qquad\qquad\qquad (2)$$

师:有两种答案。你们觉得哪一种答案正确?

生:18元正确。刚才我们已经用分步算式算过了,答案是18元。

师:这位同学能联系刚才的结论解释现在的问题,很聪明!谁还有不同的想法?

生:老师,我是估算的。乐乐买了5件商品,5件即使全部买贵的饮料也只需要30元,因此36元肯定不对。

生:我也觉得18元是正确的,因为我爸爸告诉我,乘加混合运算时,要先算乘法,再算加法。

师:付的总钱数包括哪两部分?

生:买面包用的钱和买饮料用的钱。

师:怎样计算买面包用的钱?买饮料用的呢?

(生答略)

师:所以,在这道算式里我们应该先算乘法,再算加法。一般地,数学上我们规定,在加减乘除混合运算中,先算乘除,再算加减。

(教师板书,全班齐读)

师:(出示算法(3))这是一位同学的算式,同学们观察这个算式,有没有什么要说的?

$$3\times4+6$$
$$=12$$
$$=12+6$$
$$=18(元)$$
(3)

生：我觉得这个算式结果对，但中间好像不对。

师：结果正确，但过程不正确，是这个意思吗？那乘加算式计算时有怎样的格式呢？下面，我们一起来研究。$3\times4+6$，刚才说了先算什么？

生：乘法。

师：3×4 得多少？

生：12。

师：可计算时常常算着算着就忘了用谁加6，怎么办？

生：最好是先把12记下来，这样就不会忘记了。

师：记在哪里最好？

生：就记在 3×4 的下面。

师：这时不能忘了什么？

生：加6。

师：刚才这位同学加了6没有？

生：没有。

……

乘加混合运算，正如前文所说，从解题的角度看很简单，但是从奠基的角度看，又很不简单。细细品味上述片断，我有两点感触。

一、"先乘后加"仅仅是一种规定吗？

乘加混合运算，先算乘法，再算加法。讲解这一知识点，教师乃至教参大都采用以下步骤：在具体情境中感知，进而直接告诉学生这是一种规定。案例中的教师也不例外。但理解"先乘后加"这一知识点仅仅依靠情境就够了吗？"$6+3\times4$"在这个情境中应该先算乘法，难道就意味着所有的乘加算式在所有的情况下都应该"先算乘法再算加法"吗？显然，这很难说服学生。既然如此，怎样让学生自发而非人为地悦纳"先乘后加"这一知识点呢？

我认为，方法并不复杂，只需要稍加调整。具体地说，当部分学生认定"$6+3\times4$"应该先算加法时，教师不妨将算式还原，如将"$6+4\times3$"还原成"$6+3+3+3$

+3",这时再问学生:"如果是你,现在你会怎样算?""显然,应该先算 4 个 3 连加。""为什么?""因为 4 个 3 连加可以用乘法口诀表示,先算比较简便。""那么,有乘法和加法时,你们觉得应该先算什么?""应该先算乘法,因为乘加算式中的乘法是几个相同加数连加的简写,先算加法的话就改变了原来乘加算式的意义。"知其然还要知其所以然,显然,经历了上面的过程,"先乘后加"的运算顺序就不再仅仅是一种人为规定,更多的是一种理性思考。

二、等号只表示结果吗?

之所以突然讨论这样一个问题,是因为在高年段教学中我常常看到这样的错误:

$$3x-2.4=5.4$$
$$\text{解:} \quad 3x=2.4+5.4$$
$$x=7.8\div 3=2.6$$

课堂是学生出错的地方,错误伴随着学生的成长。但是不可否认,学生同一类错误的反复出现在一定程度上折射出我们教学中的偏差!虽然反复纠正,但学生错误的顽固存在提醒着我们不能简单地将其错误归因为学生书写格式没有掌握。究竟是什么原因让学生"屡错不改"呢?看了案例中学生似曾相识的表现,我们似乎有所感悟。具体地说,上述课例中的"3×4+6=12=12+6=18",学生之所以出现这样的错误,我认为,不仅仅是因为这是学生初次接触综合算式,更重要地是因为受到了教师潜移默化的影响。"3×4+6"之所以要写成"3×4+6=12+6=18",教师是这样解释的:"3×4=12,然后加 6,可我忘了用谁加 6,怎么办呢?""最好是先把 12 记下来。""记在哪里更好?""记在 3×4 的下面。"窥一斑而知全貌!虽然这只是课堂教学的一个片断,但仍可看出教师平时更多的是强调每一步思维过程的结果。但这对于早已习惯了列分步算式的学生来说,就难免百思不得其解:3×4+6,第一步先算乘法,3×4 得 12,我是把 3×4 的得数 12 写下来了啊!

"="表示结果,更表示一种相等的关系。可惜,上述教学无意中把等号的另一个甚至是更为重要的属性忽略了。既然如此,那么教学应该怎样引导学生从"相等"而不仅仅是"结果"这一维度来掌握综合算式的书写格式呢?我们的思考是,当学生列出综合算式后,教师不妨追问学生:"一共要付的钱包括哪两部分?"显然,这不会难住学生,"面包和饮料。"这时,教师不妨用彩色粉笔相机板书,最后形成图 4-5 的形式。

```
           面包      饮料
           3×4   ＋   6
      ＝    12   ＋   6
      ＝    18(元)
```

图 4-5

这样,当学生再列出类似"3×4+6=12=12+6=18"的算式时,教师只要稍加追问:"刚才我们说要付的钱包括几部分?"学生自然明白,算式第二行只有面包的钱数,而遗漏了饮料的钱数,因此,第二行算式和第一行是不对等的。要想使其对等,就必须加上饮料的钱数。并且,为了一目了然,3×4 的结果 12 最好就写在 3×4 的下面。

算式的每一步都表示买面包和饮料的总钱数,算式的每一步之间都应该对等。教师虽然没有明言,但只要经历了这样的过程,学生自会明白综合运算的书写格式,更重要地,"="表示相等关系这一知识点也潜移默化地浸润于学生的心头。

没有深度的教学是肤浅的,没有提升的教学是苍白的,没有效率的教学是无力的。写到这,忽然明白了:简单的技能背后隐藏着什么?隐藏着思想,隐藏着方法,隐藏着一条曲折但是能通往高等数学的小路。

情境,是"敲门砖"还是数学课程的"承重墙"

建构主义学习理论告诉我们:儿童数学学习的过程不是一个机械接受的过程,而是一个主动同化和顺应的过程,是学生在教师或他人的帮助下,借助一定的资料,对自身已有知识和旧有经验不断反思、批判、重组、建构的过程。儿童原有的知识储备、在现实生活中的经验积淀以及在社会生活中形成的许多相互认识,都是学生同化或顺应的基础,是学生学习的宝贵资源。有鉴于此,创设情境唤醒学生已有经验、体验已成为新课程理念引领下的教师的共识和自觉行为。但是,矫枉过正,不知不觉中部分教师走入了一个误区,即只是简单地把情境作为激发学生学习兴趣和引入新知的工具。当学生的兴趣被激发出来,或者本节课要传授的新知呈现出来,情境也就抛在一边,弃之不用了。

究竟是应该把情境当作课堂教学的敲门砖还是把它看作数学课堂的承重墙?下面结合几个案例来谈谈我的体会。

1."9加几"(人教版《数学》一年级上册)情境中蕴含着算理

图4-6

图4-6呈现了一个很好的情境,理由有三:第一,这是学生熟悉的生活化的情境,能够有效地激发学生的兴趣;第二,能迅速引出要教学的内容;第三,情境蕴含了本节课教学的核心目标。

这里重点讲第三点。众所周知,"9加几"教学的核心目标是让学生掌握凑十法。那么,怎样才能让学生掌握凑十法呢?应该说,该情境作了很好的尝试。具体地说,这一生活化的情境很容易勾起学生的相关体验:生活中的很多物品都是10个一包装的,如铅笔是10支1盒的,牛奶是10包1箱的,乒乓球是10个1盒的……为什么装成10个1盒呢?这是因为10个1盒的物品非常好数:几盒就是几十,有几个零散的就是几十几。显然,这对于学生理解凑十法非常关键。

事实上,教师只需在学生交流各种算法之后稍加点拨:"怎样放饮料我们就能一眼看出是多少盒?"这样,学生在算式与情境图之间相互对照,自然会轻松便捷地理解凑十法。

2."两位数乘整十数"(苏教版《数学》三年级下册)情境中蕴含着丰富的算法

图 4-7

个人以为,这也是一个好情境。最突出的表现在于情境中融合了丰富的数学思考,准确地说,情境中融合了丰富的算法。第一种,乘加计算。10 箱牛奶分两次搬来。第一次先搬来 9 箱牛奶,后来又搬来 1 箱,按照这个思路,先搬来的加上后搬来的,就等于一共有的牛奶的瓶数,列式是 $12\times9=108$(瓶),$12\times1=12$(瓶),$108+12=120$(瓶)。第二种,由平均堆放成两堆得到启示,想到可以先算 12×5,再用结果乘 2。第三种,根据直观提示,学生也可能由"$12\times1=12$"想到"$12\times10=120$(瓶)"。

妙处不只于此!附带地,上述情境还渗透了一个重要的数学思想——转化。具体地说,在接触本课之前,学生虽然先前并没有学过"两位数乘整十数",但是通过情境图的提示,如按过程分,可以分为已经搬来的和正在搬来的;按位置分,可以分成左边的和右边的……这样一来,一个没有学过的问题就转化成已经学过的"两位数乘一位数"加上"两位数乘一位数"的问题,或者转化成一个连乘问题,转化思想体现得淋漓尽致。

是画龙点睛,还是画蛇添足

近日,观摩了六年级的一节教研课"解决问题的策略——转化"(苏教版《数学》六年级下册)。课后有一道习题是:计算 $\frac{1}{2}+\frac{1}{4}+\frac{1}{8}+\frac{1}{16}$。教师是这样处

理的:

1. 学生自主探索,几乎全部学生都是按照通分的方法计算的。

2. 教师呈现一个正方形,依次画出这个正方形的$\frac{1}{2}$、$\frac{1}{4}$、$\frac{1}{8}$、$\frac{1}{16}$(图4-8),然后请学生观察:$\frac{1}{2}+\frac{1}{4}+\frac{1}{8}+\frac{1}{16}$表示哪一部分的面积?(阴影部分)如何计算这一部分的面积?这时,大多数学生依然选择先通分后相加,但也有少数学生蓦然发现可用"单位'1'减去空白部分",用算式表示就是"$1-\frac{1}{16}$"。进而,在所有学生惊羡的目光中,教师泰然自若地板书:转化。

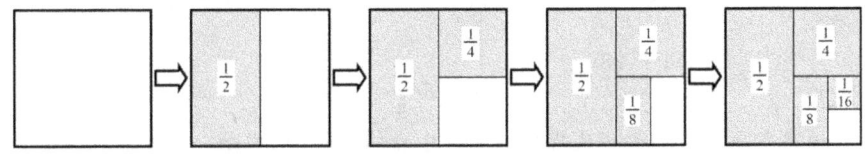

图4-8

3. 在算式后面依次增添加数$\frac{1}{32}$,$\frac{1}{64}$,…,让学生快速口答得数,并引导学生总结规律:最后一个分数是几分之一,得数就是1减几分之一。

乍一听来,上述教学似乎颇值称道:师生情绪高涨,课堂气氛活跃,课时目标也基本达成。但细细品味,却又觉得隐隐不安。

一、画图的引出是自然的还是教师凭空呈现的?

学生的学习应像呼吸一样自然。正如前文所说,如果仅从教学效果看,教者的目的已经达到,转化的思想学生也体验得很充分。但设身处地地想,如果我是那堂课上的某位学生,那么我的脑海中一定会浮现这样一个疑问:做计算题,怎么就想到了画图?难道真的是灵感忽至?

显然,教师有必要给学生提供阶梯。那么,如何才能让学生自然地、而非人为地想到画图呢?我的想法是:不妨将此题改编成一道文字题:一块菜地,其中$\frac{1}{2}$种韭菜,$\frac{1}{4}$种青菜,$\frac{1}{8}$种萝卜,$\frac{1}{16}$种菠菜。问:一共种了这块地的几分之几?

有了这样的改编,只需教师稍作引导,如学生用通分的方法计算出结果之后,教师继续增加数字,学生就会感觉非常麻烦,教师适时提醒学生:有没有其他方法?假设给你们每人提供一块地,你们试着"种"一下,看看有没有什么新发现。进而顺利地引出画图。

二、自主探索后的总结规律是画龙点睛还是多此一举？

学生自主探索后，教师适时在算式后面依次增添数据$\frac{1}{32}$，$\frac{1}{64}$，…，让学生快速口答得数，并引导学生总结规律：最后一个分数是几分之一，得数就是1减几分之一。乍一看来，这似乎是将学生的感性经验进行了提升。但这种提升是适宜的吗？

为了验证自己的猜想，我随手拉住一个学生，任意写了一列分数：$\frac{1}{3}$，$\frac{1}{6}$，$\frac{1}{12}$，$\frac{1}{24}$，让学生计算这一等比数列的和。果不其然，学生迅速地写出答案：$\frac{1}{3}+\frac{1}{6}+\frac{1}{12}+\frac{1}{24}=1-\frac{1}{24}=\frac{23}{24}$。

画龙点睛结果却弄巧成拙！望着学生自信的神情，我脑海中浮现出一句话：做一名懂数学的数学教师。事实上，将比值为$\frac{1}{2}$的一列分数从大到小依次相加，它的求和规律并不是1减最小的那个分数，而是最大分数的2倍减最小分数。如，$\frac{1}{3}+\frac{1}{6}+\frac{1}{12}+\frac{1}{24}=\frac{1}{3}\times2-\frac{1}{24}=\frac{15}{24}$（理由下文将有详细阐述）。只有当最大分数是$\frac{1}{2}$时，学生总结的规律才成立。

一叶蔽目，不见泰山！教师把这一适用范围极窄的发现作为"规律"让学生铭记，试问：这有多少价值？更关键地，长此以往，增添了学生多少记忆的负担？也就难怪有学者评价我们的教育不是培养智慧的学生，而是将学生训练成盛装知识的容器。显然，这是不合宜的，至少不是高效的。但这又引发了另外第三个问题。

三、是不是一定不能拓展？

我认为，可以拓展，但应注意拓展的方向与角度。事实上，当学生自以为找到了规律之后，教师不妨相机板书一列分数，如，$\frac{1}{3}$，$\frac{1}{6}$，$\frac{1}{12}$，$\frac{1}{24}$，让学生求和。相信正如我抽查的那位学生那样，绝大多数学生会毫不犹豫地写出$\frac{1}{3}+\frac{1}{6}+\frac{1}{12}+\frac{1}{24}=1-\frac{1}{24}=\frac{23}{24}$。

真的如此吗？教师让学生通分，学生计算后发现$\frac{1}{3}+\frac{1}{6}+\frac{1}{12}+\frac{1}{24}$并不等于$\frac{23}{24}$，而是等于$\frac{5}{8}$。

就在学生懊恼之际，教师投石击水："这两题在解题方法上有没有共同的思路？"相信只要教师引导得法，学生是能找出这两题解题方法上的共同点的。（如图 4－9(1)、图 4－9(2)）

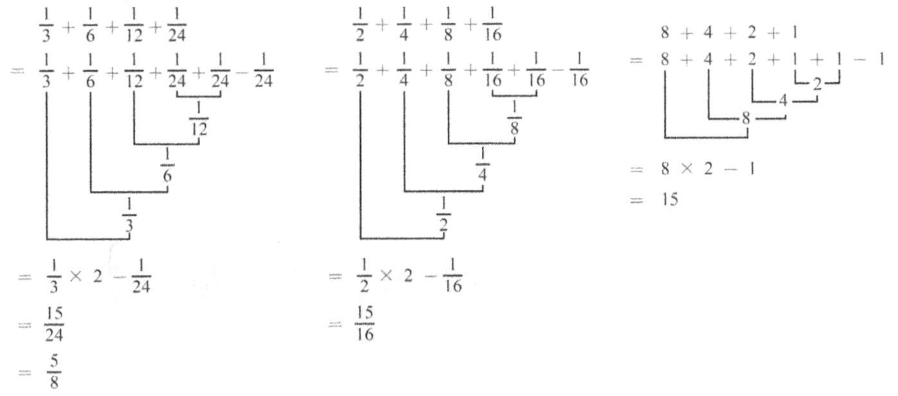

（1）　　（2）　　（3）

图 4－9

事实上，这一发现还可以推广到整数，如图 4－9(3)，而这无意中与教材的另一道习题暗暗契合。

练习十四

1. 有16支足球队参加比赛，比赛以单场淘汰制（即每场比赛淘汰1支球队，如下图）进行。数一数，一共要进行多少场比赛后才能产生冠军？如果不画图，有更简便的计算方法吗？如果有64支球队参加比赛，产生冠军要比赛多少场？

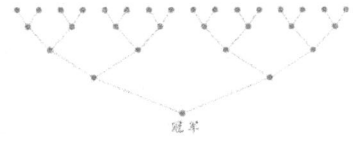

图 4－10

上述拓展的意义不只于此。附带地，它为学生多方面、多角度体验"转化"提供了契机和可能。如图 4－10，当学生列出"1＋2＋4＋8""1＋2＋4＋8＋16＋32"等算式，并根据上面的规律直接写成"16－1""64－1"后，教师适时追问："'16－

1' "64−1"为什么就刚好是16支、64支球队单场循环制比赛产生冠军所需要比赛的场数呢？有没有其他的解释？"进而将学生的思维从"一共要比赛多少场"转向"一共要淘汰多少支球队"上面来：一场比赛淘汰一支球队，16支、64支球队最后只剩下了一支冠军球队，淘汰了"16−1""64−1"支足球队，也就是要比赛"16−1""64−1"场。

神奇但不神秘。正如某些学者指出的，数学应该以自身的魅力吸引学生。不过这种魅力不等于神秘。相反，作为教师，我们必须确保我们的教学是自然的，而非人为的、突兀的。只有这样，学生才可能感受到数学是能学习的，是可接受的，进而才可能走近数学、亲近数学、喜欢数学。

怎样的错误才是应努力挖掘的资源

出错是孩子的权利。宽容、善待、接纳学生的错误，这已成为广大教师群体的共识。但是，不知从何时起，宽容竟变成了一种诱导，接纳也异化成了一种鼓励：明明是学生没有认真听讲，将$\frac{1}{2}$折成了$\frac{1}{3}$，教师却向他鞠躬，感谢他为全班引爆了一份意外的精彩；分明是思想开了小差，不能回答出正确的答案，教师也感谢他为班级提供了不同的声音。

做错竟比做对得到更丰厚的奖赏，不认真听讲竟比认真听讲聚焦了更多羡慕的目光！作为一个成人，我理解教师的良苦用心，但每每置身于那些认真听讲、认真作答的学生当中，心中仍不禁有些担忧：孩子，该不会……

这绝不是危言耸听，也不是杞人忧天。相较于对教师不当评价、单纯苛责，我认为，应当从教师的教育思想中寻找更深层的原因。

错误是一种资源。因此，当今课堂上教师们小心翼翼地呵护学生的错误，挖空心思地引申开发学生的错误。然而，这使得课堂不时闪现意外精彩的同时，也常常导致课堂教学偏离既定的轨道，进而导致每一课时的既定目标难以落实与完成。不积跬步，何以致千里？没有每一课时目标的落实与完成，没有每一阶段性目标的达成与实现，学生的数学学习还能否称得上是有效的学习？学生数学素养的普遍提升还有何保障？

因此，作为一名教师，有必要思考这样一个问题：所有的错误都是需要深度挖掘的吗？或者说，怎样的错误才是课堂上最应该挖掘、拓展的？

鉴于知识的前后联系和小学生身心发展特点，学生在接受新知的各个阶段中必然表现出某些共性，这在他们的数学学习中体现得非常明显。如学习了2、5倍数的特征，学生会理所当然地认为个位是3、6、9的数就是3的倍数；知道了"长方形的面积＝长×宽"后，学生也容易想当然地认为平行四边形的面积等于相邻两边的乘积……这些错误的产生，一方面源于先前学习对当前学习的消极影响，另一方面也与学生对知识理解不深、不透有关。因此，抓住这些错误进行研究，有利于全面提高教学效益，同时促使学生的思维走向深刻。

以"平行四边形的面积"教学为例，长方形的面积＝长×宽，而平行四边形的面积为什么却不等于相邻两边的乘积？教师在学生道出这样的困惑后，出示如下图片：

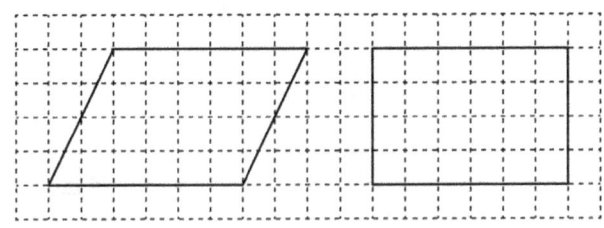

图 4－11

学生在观察中自然会发现：长方形的长表示一排摆了几个面积为1的正方形，宽表示摆了这样的几排，"长×宽"正好表示一共摆的面积为1的正方形的个数；而平行四边形则不同，虽然底还是可以看作一排摆了几个面积为1的正方形，但斜边绝不能看作摆了这样的几层。因此，两邻边相乘的积不表示平行四边形里面积为1的正方形的个数。要想知道"平行四边形里面积为1的正方形的个数"，首先必须知道摆了几层。从图中可以清楚地看出，斜边不能表示层数，高才能表示层数。这样就将探究活动指向了问题的本质。兼收并蓄的是，上述探究也深化了学生对面积的认识：看一个图形的面积是多少，就看它包含几个面积为1的正方形。

"出错是儿童的天性""错误是学生思维走向深刻的契机"。这里要强调的是，对"怎样的错误才应是努力挖掘的资源"的探讨并不意味着对以上认识的否定,而是为了提醒广大教师,只有抓住规律性错误,才有利于全面提高课堂教学效益。

对错之外,还有一片田野

"$\frac{1}{2}+\frac{1}{3}=\frac{2}{5}$",许多教师一看到这类等式,就觉得不合算理,没有意义。因为在很多教师心中早已认定:异分母分数相加,必须先通分,再把通分后的分子相加。心中有了圭臬,其他想法自然就没有了容身之所。即使学生言之有物,也难免被教师"一棒子打死"。

"在○●中,黑色圆可以表示为$\frac{1}{2}$,在○○●中,黑色圆可以表示为$\frac{1}{3}$,那么$\frac{1}{2}+\frac{1}{3}=\frac{2}{5}$。不信你看(如右图4-12),两个黑色圆是所有圆的$\frac{2}{5}$。"从学生的表述中,可以看出学生不是凭空瞎想、信口开河,相反,他言之有理、言之有据,这番论述是他基于理性思考后的一种合情推理。特别的是,这种推理是在教师反复强调了同分母、异分母分数计算法则后出现的,就更显得难能可贵。它表明了学生上课时并非没有认真听讲,而只是坚持自己的"成见",书上和教师讲得不正确,至少有"纰漏",他要将自己的这一"重大发现"告诉教师。事实上,相对于某一个具体知识点的对或错,这种敢于质疑、坚持主见的精神,善于举例、合情推理的能力,言之有物、言之有据的习惯更为可贵。在这一点上,即使学生的想法不那么正确,教师也应正面鼓励和肯定。

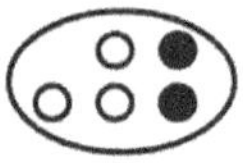

图 4-12

这在美国小学课堂上常有体现。华东师范大学鲍建生教授在《从国际比较角度看东西方数学教育的差异》讲座中讲到一个事例。一位中国教授在美国听小学数学教师讲"分数加法",提出"$\frac{1}{2}+\frac{1}{3}=?$"后,教师让学生自主探究。学生想了多种方法,但绝大多数学生都认为$\frac{1}{2}+\frac{1}{3}=\frac{2}{5}$。教师说:"那就等于$\frac{2}{5}$吧。"

就这样下课了。第二年,中国教授又听了这位美国同行同样的一节课,他还是这样上。中国教授实在憋不住了,就问道:"你怎么能这样教学生呢?"不料,那位美国教师说:"学生喜欢 $\frac{1}{2}+\frac{1}{3}=\frac{2}{5}$,就让他们等于 $\frac{2}{5}$ 好了。这样能激发他们学习的积极性和探究知识的兴趣。"

对错之外,还有一片田野!但我认为应正面鼓励和肯定的原因不只于此,事实上,学生的想法并非一无是处,"$\frac{1}{2}+\frac{1}{3}=\frac{2}{5}$"不仅有广泛的背景,也有数学理论意义。

众所周知,分数加法主要应满足两个条件:(1)任意两个分数相加结果唯一且在有理数集内;(2)满足加法的交换律和结合律等基本运算定律。无论是"先通分再相加",还是"分子、分母分别相加"都满足这两个条件。不同的是前者要求加数的单位"1"统一,后者要求加数的分数单位对应的数值相等。生活中与概率或比有关的许多实际问题就可用后者快速地解决。因此,有人形象地将这一种加法称为"概率加法"。例如,某人练习投篮,第一组练习他投 8 个,中 3 个,命中率为 $\frac{3}{8}$;第二组练习投 9 个,中 6 个,命中率为 $\frac{6}{9}$。总命中率为多少?"总命中率"按"概率加法"可列式为 $\frac{3}{8}+\frac{6}{9}=\frac{3+6}{8+9}=\frac{9}{17}$。除此之外,及格率、产品合格率都可借助"概率加法"。只不过,在"概率加法"的运算过程中不能对分数进行约分,如 $\frac{3}{8}+\frac{\cancel{6}^{2}}{\cancel{9}_{3}} \neq \frac{3+2}{8+3}=\frac{5}{11}$。

当然,有现实背景,有理论意义,并不一定就要教给学生。如果课堂上出现了类似情况,我认为当然要让学生说出思维过程。但学生说出思维过程后,教师也应快刀斩乱麻,告诉学生这一种算法在以后高中、大学的学习生活中可能会用到,至于小学阶段,遵循的是另一种计算规则——通分,即化成同分母计算,进而快速地转回既定的课堂教学。

"重教轻学、重标准答案而轻智力开发,重书本知识机械的接受而轻学生实践创新活动的倾向。同国外数学教育相比较,我国数学教育强调对数学课本上现成题目的解答而轻学生对数学问题的发现与提出的能力的培养。"十多年前课改初期言说彼时中国小学数学教育现状的话言犹在耳!它再一次提醒我们,教师应该具有时变事变的思维和宽广、博大的心胸,否则,面对一群没有太多抵抗力的孩子,教师很容易像西方神话里的魔鬼,让所有孩子全都躺在那张一样大小的魔床上,把孩子们身上刚刚萌芽的枝枝丫丫,把孩子们偶尔闪烁智慧和灵性的"旁逸斜出",以"敬业"和"热爱"的名义扼杀。

让学生经历人类探索的关键步骤

弗赖登塔尔指出,学生学习的过程实质是一个再创造的过程。与这一特点相对应地,探究学习得到了广泛重视。但正如日本学者研究指出的那样,探究学习费时。同一个教学内容,探究教学比讲授教学要多花130%～150%的时间。因此,什么时候使用探究学习,如何使用探究学习,是值得我们深思的问题。

以"面积和面积单位"教学为例。面积是一个起始概念,是一种约定俗成,而且对于三年级的学生来说,也没有多少经验可以利用,因此,不必让学生探究。但面积单位则不同,在面积单位的形成过程中,人类经历了单位不统一时交流的混乱、混乱后的迷茫、迷茫后的顿悟的过程。让学生亲历这一过程,也就是让学生重温人类历史的关键步骤,这不仅有利于学生创新精神的培养,也有利于学生弄清知识的来龙去脉。下面是一位教师的尝试。

教师在创设情境、引出面积单位概念后,课已进行大半。教师发现学生有些疲倦,因此决定做一个游戏。

教师将学生按性别分成了男生和女生两组。"现在我们开始做游戏。在做游戏之前,首先宣布游戏规则:等一会,男生、女生分组观察一幅图片,然后回答老师提出的一个问题,我们来比一比谁回答得更准确。公平起见,男生观察的时候女生请闭上眼睛,同样地,女生观察的时候男生也不要睁开眼睛。"

游戏规则宣读完毕,教师请女生先闭上眼睛,然后出示图4-13(1)。

5秒后,男生闭上眼睛,教师将纸片翻转,呈现图4-13(2)。女生睁开眼睛。

5秒后,教师将纸片收起,男生、女生都睁开眼睛。

"同学们,你们看到的长方形的面积应该用数字几表示?"

"8。""18。"男生、女生互不相让。

"究竟应该用几表示呢?同学们看一看。"教师出示图4-13(1);"刚才是谁

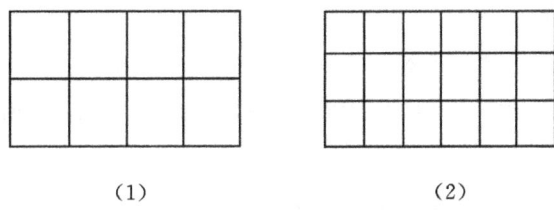

图 4-13

看到的这一面？它的面积用几表示？"

教师再出示图 4-13(2)："谁看到的是这一面？它的面积又用几表示？"

"为什么同一张纸,表示它的面积的数字却不相同？"

"因为度量的方格不相同,有的大,有的小。"

"同学们想一想,如果生活中度量的单位不相同,你是按照这个标准度量的,我是按照那个标准度量的,可能造成什么麻烦？"

"那么人们交流时会很混乱。"

"怎样才能做到不混乱呢？"教师追问。

"将面积单位统一就行了。"

信心满怀—困惑迷茫—豁然开朗,学生在情感的跌宕起伏中,不仅重温了人类探索面积单位的简要历程,同时也体验了面积单位统一的必要性。

教育,顺木之天以致其性

柳宗元有篇寓言性传记《种树郭橐驼传》,文中的郭橐驼是一个"业种树,所种树,或移徙,无不活,且硕茂,早实以蕃"的种树能手,问其秘诀,答曰："顺木之天,以致其性尔。"这段话翻译成白话就是,没有什么别的窍门,只不过能够顺着树木生长的自然规律,使其获得自己的本性发展罢了。柳翁将"种树"与"治民"相类比来"传其事以为官戒",虽然说的是为官之道,我倒认为郭橐驼种树的道理对我们的数学教育多有启发。下面,以"小数乘整数"(苏教版《数学》五年级上册)的教学片断谈谈我在这方面的体会。

[片断回放]

师：昨天同学们自学了本课内容，已知每千克西瓜 0.8 元，要求买 3 千克西瓜多少元，该怎样计算？课本上介绍的几种算法，你最喜欢哪一种？

（生回答略）

【评析：以学定教，先学后教，教师要勇于放手。学生知道的，教师不讲；学生能自学的，教师不教。这样培养的不仅是学生自学的能力，更重要地，为教师释疑解惑、以学定教留下了充足的时间和空间。】

师：同学们回答得很好，看来昨天自学得很认真。那么，昨天自习的过程中有没有想问的或者你觉得很重要、需要特别提醒同学们注意的地方？

（生摇头不语）

师：我们常说学贵有疑！能够在看似平常的地方发现疑问，代表了一个人学习的水平。谁能于无疑处生疑？

生：我能在黑板上板书吗？（教师点头后学生板书）我有一个疑问，我觉得"0.8×3"用竖式计算，竖式应该写成这样（图 4-14(1)），而不应该是这样（图 4-14(2)）。

$$
\begin{array}{r} 0.8 \\ \times3 \\ \hline 2.4 \end{array}
\qquad
\begin{array}{r} 0.8 \\ \times3 \\ \hline 2.4 \end{array}
$$

(1)   (2)

图 4-14

师：（教师随手在两个竖式下标示序号）王茜同学提出了自己的疑问，她认为"0.8×3"的竖式应该写成(1)式而不应该写成(2)式，你们觉得她说得有没有道理？你们赞成哪一个竖式？

（学生独立思考后教师组织学生小组交流）

生：我觉得王茜同学说得有道理。我也赞成第一个竖式，因为第一个竖式数位对齐了，而第二个竖式数位没有对齐。

生：我不同意。我爸爸告诉我，小数乘整数列竖式计算时，相同数位不用对齐。

生：你爸爸告诉你的就一定对吗？我们应该相信推理，而不是迷信长辈。计算小数加减法时老师反复强调相同数位要对齐，以此类推，分数乘整数相同数位也应该对齐。

生：那书上为什么是末位对齐呢？

生：书上可能印错了。

生：编辑有这么粗心吗？

生：世界之大，无奇不有。什么事都有可能。

师：关于这点老师要说明一下，去年、前年乃至每一年五年级课本上的乘法竖式都是像第二个竖式这样写的，末位对齐。

（赞成第二个竖式正确的学生情绪高涨起来）

师：小数加减法小数点要对齐；小数乘整数末位对齐。这是随意规定，还是有内在的道理？同学们联系书上的其他解法，看有没有发现。

（学生再一次阅读课本，陷入了沉思）

【评析：教师适时的插话，使学生的探索不至偏离方向；而恰当地点拨，又为学生再次努力提供了支点。古人云：施教之功，贵在引路，妙在开窍！在这里得到了充分的体现。】

生：老师，我有一个发现，不知对不对。同学们你们看，0.8×3表示3个0.8相加，3个0.8相加写成竖式是这样（在投影仪上展示图4-15），这里这个3不仅表示十分位上的3个8相加，同样还表示个位上的3个0相加。也就是3既指向十分位上的8，也指向个位上的0。既然它指向所有的数，那么3不用刻意和个位对齐，和末位对齐反而更整齐、更好看一些。

$$\begin{array}{r} 0.8 \\ 0.8 \\ +\ 0.8 \\ \hline 2.4 \end{array}$$

图 4-15

师：刚才黄子聪同学说了一个发现，就是3不仅表示3个——

生：8。

师：还表示3个——

生：0。

师：也就是3既管十分位上的8，也管个位上的0。甚至当前面还有一个数时，3还要管前面的那个数，所以3不用刻意和个位对齐，而只需要和——

生：末位对齐。

生：我还补充一点，两个数相乘，数位不用对齐，其实我们已经见过。

师：具体说说。

生：我们三年级学习整十、整百、整千数和一个数相乘，比如300×5，当时我们列竖式就是5对着百位上的3(如图4-16)，表示5个3百相加，所以结果是15个百，也就是1500。

$$\begin{array}{r} 300 \\ \times\ \ \ 5 \\ \hline 1500 \end{array}$$

图4-16

师(鼓掌)：有一句话老师想和同学们分享，知识的多少并不在于你罗列了多少，而在于你勾连了多少。钟启贤为我们作了很好的表率。还有没有要补充的？

生：我觉得小数加减法数位要对齐是因为只有相同数位才能直接相加减，而小数乘整数不是加法，也不是减法，因此不用数位对齐。

【评析：一节课学生收获了多少并不取决于学生知道了多少，而是取决于学生串联了多少。在教师的点拨下，学生由表及里、由此及彼，思维一层一层荡漾开去，在对"一个数乘整十、整百、整千的数"的联想中更深入地洞察了小数乘整数竖式书写格式的合理性。】

师：看来，这个问题同学们确实理解了。不知同学们有没有其他问题？(学生摇头)老师还有一个问题，0.8×3的积是几位小数？

生：一位。

师：为什么？难道不可能是两位或者三位小数？

生：因为0.8元＝8角，8×3＝24角，24角＝2.4元，所以0.8×3的积是一位小数。

生：我有补充。因为0.8×3表示3个0.8相加，3个一位小数相加，和一定是一位小数。

师：照你所说，2.35×3的积是几位小数？

生：两位小数，因为2个两位小数相加，和一定是两位小数。

师：2.35乘任何整数，积一定都是两位小数吗？

生(思考一会儿)：不一定，因为两位小数加两位小数，和也可能是一位小数。

师：能具体说说吗？

生：比如说，2.35+2.35。因为百分位上的两个5相加刚好等于10，向前进1

后百分位上是 0,可以划去,因此 2.35+2.35=4.7。4.7 是一位小数了。

师:有可能是整数吗?

生:有可能,例如,100 个 2 元 3 角 5 分相加就等于 235.00 元,划去小数点后的 0 就是一个整数 235。

生:老师,我觉得 100 个 2.35 相加的和也可以说成是两位小数,只不过最后小数部分都是 0,为了简便把 0 都划去了。

师:如果这样想,2.354 乘任何一个数,积一定是……

生:三位小数。

师:通过刚才的谈话,你们发现小数乘整数,积和因数的小数位数有什么联系?现在再让你计算小数乘整数,你有什么新想法?(生答略)

【评析:顺木之天以致其性!教育在某种程度上同种树一样,借助学生耳熟能详的加法竖式,"积与因数小数位数的关系"这一教学难点就在师生对话中轻易突破了。】

……

乍一看来,上述片断平淡无奇,但细细咀嚼,却又颇值回味!

一、小数乘整数末位对齐只是一种书写格式,但对格式合理性的问询中蕴含着对数学理性的本质追求

正如前文所说,小数乘整数的计算法则是规则学习,属于陈述性知识。很多教师常用的处理策略是将小数乘整数的计算法则直接告知学生,这突出表现在小数乘整数用竖式计算的书写格式上:小数乘整数末位对齐,教师常常这样直接要求学生记住,这样教学看似直奔主题,但不知不觉中陷入了另外一个尴尬的境地:小数加减法是相同数位对齐,到了小数乘整数却变成了末位对齐。数学怎么会这样——一时一个模样,没有逻辑!久而久之,学生想爱数学也不容易。

本节课上,教师敏锐地发现了这一规定的"不合理性",并引申发挥:"昨天自习的时候有没有想问的问题或者你觉得很重要、需要特别提醒同学注意的地方?"并适时鼓励学生:"学贵有疑!在看似平常的地方发现问题、提出问题,代表了一个人的学习深度与研究水平。"这样一下子就将学生的注意力聚焦到小数乘整数究竟应该"数位对齐"还是"末位对齐"这一疑点上来。施教之功,贵在引路,妙在开窍!在学生自主探索却茫然没有头绪时,教师适时地引导:"小数加减法小数点对齐,小数乘整数末位对齐。这是随意规定,还是有内在的道理?同学们联系书上的其他解法,看有没有发现?"在教师的启发下,学生不仅注意到了加法竖式和乘法竖式的联系,还在熟知的加法竖式中发现了小数乘整数"末位对齐"这一规定的合理性:"0.8×3"中的"3"既表示十分位上的 3 个 8 相加,也表示个位上的 3 个 0 相加,也就是因数 3 既指向十分位上的 8,也指向个位上的 0。既然它指向第一个因数包含的所有数位上的数字,那么 3 不必刻意和某一数位对齐。而和末位对齐最整齐、最方便、最简洁,因此,小数乘整数末位对齐就成了一种约定俗成。

二、关注算法的实际背景与形成过程,在最熟悉的地方顺应算理,让学习像呼吸一样自然

"积的小数位数和因数的小数位数相同"这一知识点,从知识传授的层面看,很简单,但从过程与方法的角度看,却很不简单。教材的处理策略是,在学生初步感知小数乘整数能用竖式计算的前提下,出示下题(图 4-17),进而整理出小数乘整数的计算法则:先按整数乘整数的法则进行计算,再看因数里共有几位小数,就从积的右边数出几位点上小数点。

> **试一试**
>
> 用计算器计算下面各题,看看积和因数的小数位数有什么联系。
>
> 4.76 × 12   2.8 × 53   103 × 0.25
>
> 在小组里说说小数和整数相乘应该怎样计算。

图 4-17

但这样教学有两个障碍:其一,例 1 中教师刚刚要求学生自主尝试探索小数乘整数的计算方法,可一转眼"试一试"却让学生用计算器去做小数乘整数的习题,不说学生,就连教师自己也感到不自然;其二,计算器没有保留小数末尾 0 的"习惯"。因此,当学生"不经意中"举一个特例,如 2.35×2,计算器算出来的结果是 4.7 而不是 4.70,这时编者精心设计的推理过程就会轰然倒塌。因此,要想顺利整理出小数乘整数的计算法则,教学需要另辟蹊径。而上述案例就是一次有益的尝试。具体地说,在学生厘清了小数乘整数末位对齐之后,教师直奔主题,"0.8×3 的积是几位小数?""2.35×3 的积是几位小数?""2.35 乘任何整数,积一定都是两位小数吗?"这几个问题看似轻描淡写,实则四两拨千斤:几个相同的一位小数相加,和一定是一位小数;几个相同的两位小数相加,和也一定是两位小数……而 2 个 2.35 相加的和(即 2.35×2 的积)之所以看上去是一位小数,不是两位小数,只不过是计算后把结果简化,小数末尾的 0 被去掉了。相同加数的和与加数的小数位数始终相等,借助学生的这一经验,小数乘整数积与因数的小数位数相同这一关键知识点就在师生如拉家常般的谈话中悄然突破了。

植树,顺木之天以致其性。其实,知识传授何尝不是如此,顺应每一位学生的基础,在学生最熟悉的地方引发新知,是最简单也是通常最有效的方法!

学习,智力的冲刺与挑战

学习是同新的世界的"相遇"与"对话",是师生基于对话的冲刺与挑战。唯有具有冲刺与挑战性的学习,才是润泽儿童心田的学习,才是教室里教师循循善诱的学习。这种润泽性和缜密性正是培养儿童个性的关键要素。下面,以"找规律"(苏教版《数学》五年级上册)的教学谈谈我在这一方面的体会。

[片断回放]

(课前游戏:测量人的心理年龄的游戏)

师:好玩吗?还想接着玩吗?

生:想。

师:好,下面这个游戏,考的同样是同学们的记忆能力,但是测量的却不是同学们大脑的实际年龄。想试一试吗?(伴随着老师的讲述,CAI课件呈现动态的"瞬间记忆"文字)。等一会儿,屏幕上有一幅图,同学们有10秒钟的时间观察这幅图,然后回答老师的问题。

(CAI课件呈现图4-18,同时屏幕的右上方出现10秒倒计时数字)

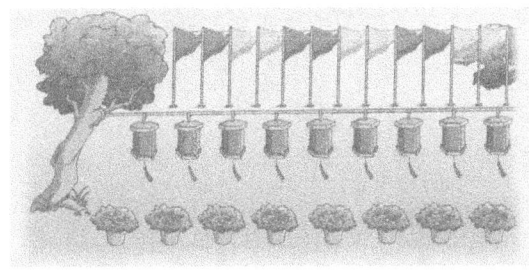

图4-18

(10秒钟稍纵即逝,图片消失,学生自信满满,等待挑战)

师:请在信封中取出1号工作纸(图4-19),在图中涂上颜色,比一比,谁能涂得和原图完全一样?

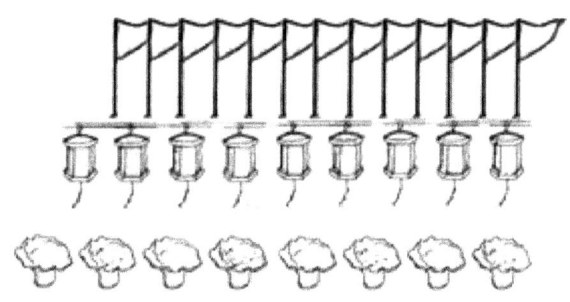

图4-19

(1分20秒后,没有一位学生能够完全准确地记录下颜色)

师:有什么话要说?

生:时间太短了,没记住。

生:我不是因为时间太短,而是因为我刚才只注意记有哪些物体,没有观察这些物体的颜色。

生:是,要观察的东西太多了,没记住。

师:要是再给你们看一次,你们能涂得一模一样吗?

生:能!

师:真的?好,我们再来试一次。不过,这一次时间只有5秒钟。

(CAI课件再次呈现图-18,同时屏幕的右上方出现5秒倒计时数字)

师:觉得能涂得一样的同学请拿出2号工作纸,开始涂色。

(学生涂色,教师巡视,寻找典型涂法,1分钟后,组织学生交流)

师:好,时间到了,老师迫不及待地想欣赏同学们的作品啦。哪一个小组上去展示?

(学生争先恐后地举手,教师请一位学生到平台上展示,果然和原图一样,全班鼓掌表示鼓励)

师:介绍一下你是怎样涂的。

生:我发现彩旗的排列是有规律的:彩旗是按照2面红旗、2面黄旗、2面红旗、2面黄旗……的规律排列的,因此我画的时候先涂2面红旗,再涂2面黄旗,接着涂2面红旗,2面黄旗……这样涂下去,很顺利就涂完啦。

师:花盆和灯笼呢?

生:花盆是按照绿、红、绿、红……的规律涂的,灯笼是按照红、紫、绿、红、紫、绿……的规律涂的。

师:和他涂的方法一样的同学请举手。咦,有很多同学没有举手,是不是有不同的想法?

生:老师,我找到的规律和他一样。不过,我涂的方法有点不同。比如说彩旗,我发现,彩旗从第1个开始,每4个都相同,所以我是按照4个一组、4个一组来涂的。

师:听懂这位同学的意思没有?这位同学说彩旗从第一面开始,每4面都相同。为什么说每4面都相同呢?

生:从第一面红旗开始,2面红旗2面黄旗看作一组,一组一组地重复涂。

(伴随学生的讲述,教师在学生的作品相应位置上画圆圈,图略)

师:那你为什么不把"1红2黄1红"看成一组(教师边质疑,边用另一种彩笔在学生的作品上画上圆圈,图略),把这几个看作一组,后面的也完全相同啊,也是"1红2黄1红"重复出现。

生:老师,这样第1面旗帜就空出来啦。

师:(再选一种彩笔将2红2黄2红2黄8个圈作一组)那为什么不把8个看作一组呢?

生:8个看作一组也可以,不过这样不好记,4个看作一组更好记一些。

师:什么叫更好记? 解释一下。

生:像这样有规律的排列关键是要记一个组,(边比划边讲解)这样画有8个图形,这样画只有4个图形,显然,4个图形记忆的量小一些。

师:好,请坐! 我们梳理一下。这位同学刚才说了两点。一、分组要尽量从第一个图形开始;二、分组可大可小时,尽量小,他说这样好记,确实,这是一个好处。其实,组小还有其他好处,等一会我们就能体会到。按照他说的两点,你们猜一猜,这位同学的花盆是几个一组涂的? 灯笼呢? 谁上来圈一圈?

(生圈图,略)

师:还有没有不同的想法?

生:我觉得他们这样涂比较麻烦,要不停地换彩笔。我的涂法比较简单,比如说彩旗,我先涂2个红旗,空2格,再涂2个红旗,再空2格……这样把红旗涂完,再涂黄旗。

师:可以吗?

生:可以。

师:说说理由。

生:根据刚才发现的规律,彩旗空 2 个就相同,空 2 个就相同。所以,我可以先把红旗涂完,再涂黄旗。

师:可不可以先把黄旗涂完?

生:也可以。4 个一组,每组的第 3 面、第 4 面旗帜都是黄色。

师:听明白了吗?根据这位同学的发现,(指灯笼)每组第 2 个应涂什么颜色?第 3 个呢?

(生答略)

师:通过刚才的交流,你有什么收获?

生:观察要有目标,还要会找规律,这样才能又快又准确地记住。

生:找到了规律后,运用规律,可以节省我们的时间和力气。

……

2012 年 4 月,工作室部分成员到四川北川永昌小学送教。异地借班上课,并且是到使用不同版本教材的地区上"找规律"这一节课,学生没有教材是执教教师首先要面对的问题。怎么把教材提供给学生?彩色打印?成本太高!复印?复的是彩色教材,印出来的却是黑白效果,而这对于试图用颜色渐变来导入新课的情境来说就完全失去了意义。面对这一情况,教师普遍的处理策略是将教材主题图制成 PPT,上课直接播放,让学生观察寻找规律。应该说,这样处理也能解决"没有教材"的难题。但是,多年的教学实践一再告诉我们,这种平铺直叙的导入很难真正吸引学生,更难以让所有学生真正参与到学习进程中来。有鉴于此,别具匠心地,课一开始,教师就创设了一个游戏的情境:屏幕上有一幅图(教材主题图),请同学们用 10 秒钟的时间观察这幅图,然后回答老师的问题。游戏是儿童的天性,意料之中,学生对此很感兴趣!然而,学生感兴趣的原因还不只于此。这个游戏看似简单,实际颇具挑战。因为没有明确的观察目标,学生按各自的猜测收集信息:有的观察图中有哪些物体,有的数某一物体的个数……由于观察的目标不能有效集中,10 秒钟过去,没有一位学生能够毫厘不差地"记"下图中所有物体颜色变化的情况,当然也就不可能顺利完成教师随后的任务。学生心有不甘:不是不能,而是刚才没有专注看颜色!望着学生期待的眼神,教师顺水推舟:"要是再给你们看一次,你们能涂得一模一样吗?""可以!"学生的兴致完全被调动起来,注意力完全聚焦到了颜色的变化规律上,没有教材的难题迎刃而解!

智慧课堂不仅应该是好玩的,同时也应该有意义之泉在流淌。审视上述教学环节,不仅创设了游戏化的学习情境,更关键地,它为学生感知、领悟教学重难点作了必要的铺垫!众所周知,重复、组(或者叫周期)、不同组的同一位置属性相同是"周期问题"的三个核心知识点。本节课中,这三个核心知识点都在学生的涂色方法中得到了体现。正如案例中所呈现的,学生涂色主要有三种方法:以彩旗为例,①按照2面红旗、2面黄旗,接着2面红旗,2面黄旗……的规律涂下去;②从第1面红旗开始,2面红旗2面黄旗看作一组,一组一组地重复涂;③先涂2面红旗,空2格,再涂2面红旗,再空2格……这样把红旗涂完,再涂黄旗。应该说,这三种方法恰好对应了上面提到的三个知识点。具体地说,方法①对应的是"重复",方法②涉及"组",而方法③则隐含了"不同组的同一位置属性相同"这一最关键的知识点。教师对这三种方法,或重复:"听懂这位同学的意思没有?这位同学说彩旗从第1面开始,每4面都相同,为什么说每4面都相同呢?"或引申:"花盆和灯笼呢?"或追问:"什么叫更好记?解释一下。"或梳理:"好,请坐!我们梳理一下。这位同学刚才说了两点……"这样,不仅使学生的独特想法被放大,更重要地,有了这些感性方法的支撑,"重复""组(或者叫周期)""不同组的同一位置属性相同"这些知识就不再抽象、呆板,反而具体、形象、亲切:它是学生亲身经历的一种反馈,是学生快速涂色需要的再现。水乳交融地,生活经验和教学重难点自然地实现了沟通。

任何一个儿童的思考与挫折都应当视为精彩的表现并加以接纳。倾听每一个儿童的困惑与沉默,串联每一个儿童的发现与创意,进而使得微妙的差异得以交响。这是课堂教学的立足点,同时也是实现"灵动的""高雅的""美丽的"学习最根本的保障。

学习，核心知识处的聚焦评品

对于自主探索与合作交流，目前教师的一个普遍焦虑是害怕影响教学的进度。的确，如果仅从"教材处理的进度"而不是"丰富每一位学生自身的学习经验"的角度来看，自主探索与合作交流的实施比起以教师为中心控制的同步教学来说，的确有损于"上课"的效率。而在当前体制下，一旦因实施自主学习而影响教材知识传授进度，即便保障了每一位学生的学习，仍然不能称为完美的教育。那么，如何让自主探索与合作交流兼具基础性和发展性，如何使自主探索与合作交流不拖教学进度的后腿就成为新课程理念引导下广大数学教育工作者必须思考的问题。下面，结合工作室近日研讨的"圆柱体的表面积"（苏教版《数学》六年级下册）的教学来谈谈我在这方面的体会。

[片断回放]：

（课前，教师让学生做了三件事：1.自己动手制作一个圆柱；2.写出制作的步骤；3.记录制作过程中的发现。课在学生操作的基础上展开）

师：昨天我们布置了三件事，哪三件事？（生答略）

师：那么，现在我们一件一件来讨论。首先请同学们把自己做的圆柱拿在手中展示一下，小组内的同学互相看一看，交流一下你们是怎么做的，做的过程中有什么发现。

（生交流，略）

师：谁来说一说你是怎么做圆柱的？

生1：我准备了三张纸、圆规和剪刀。我先把其中一张长方形的纸卷成圆筒形，然后把这个圆筒竖起来，压在另外两张纸上，用铅笔绕着圆筒侧面，画出两个圆，最后把这两个圆剪下来，粘一粘就做成了圆柱。

师：还有谁是这样做的？看来这样做的人还真不少。有没有补充的？

生2：我有一点补充，刚才陈思岑同学讲的方法很麻烦。因为圆筒是空心的，一压很容易变形，这样画的圆也容易变形。而且剪起来也麻烦，一不小心就把刚才画出来的圆剪坏了！

师:有没有这样的感觉?(很多学生点头)有没有改进的方法避免这些麻烦?

生3:要是让我再制作一次,我不会这样。我会先剪两个圆,折出圆的直径,算出它的周长,然后再用这个周长作长方形的一条边,用任意长度作长方形的另外一条边。这样不仅方便,而且可以做出底面固定但高不相等的任意圆柱体。

师:这位同学刚才讲了一个有意思的想法。我们多数同学都是先做圆筒,再做底面。他怎样?刚好相反,是不是?他先做底面,然后再做——

生:圆筒。

师:这样做有什么好处?

生:这样做免去了描圆,可以直接用圆规画圆。然后用圆的周长公式算出圆的周长,把这个周长当作长方形的长挑选纸就够了。

师:这样是不是很简便?(生点头)这是一个重要的发现,还有没有其他的发现?

生4:老师,我还有一个发现,我来解释一下,刚才同学们展示的圆柱都是瘦瘦高高的,"身材"都那么好。其实这是因为很多同学做圆柱时,不是用长方形的宽作的高,而是用长方形的长作的高,这时宽的长度才是底面周长。因此,我并不赞成书上说的,圆柱侧面展开是一个长方形,长相当于底面周长,宽相当于圆柱的高。我觉得正确的说法应该是,圆柱侧面展开是一个长方形,长方形长和宽中的某一条边相当于圆柱的底面周长,另一条边相当于圆柱的高。

(班上响起热烈掌声)

学习,核心知识处的聚焦评品。应该说,这在上述片断中得到了充分的体现。众所周知,计算圆柱的表面积关键是要先算出圆柱的侧面积,而关于圆柱侧面积最核心的一个知识点是"圆柱的侧面展开是一个长方形,长方形的长等于圆柱的底面周长,长方形的宽等于圆柱的高"。针对这一核心知识点,教师没有机械讲解,让学生死记硬背,而是反其道而行之,要求学生每人在课前先制作一个圆柱,并写下制作的步骤,记录制作过程中的发现。乍一看来,这一要求平淡无奇,但仔细琢磨,却觉得颇值回味。具体地说,学生在选材的过程中,或者说在"还原"圆柱的过程中,自然会发现圆柱侧面是由长方形(正方形是特殊的长方形)纸片卷曲而成。这样求"圆柱的侧面积"实质可转化成求"展开的长方形的面积"。

更关键地,在制作的过程中,不少学生切实感受到先做圆筒后做底面的"麻烦":圆筒是空心的,稍一受力就容易变形,这样就给绕着圆筒"描"圆增加了难度,此为其一;其二,顺着"描"出来的曲线剪"圆"也不如想象中那么顺当!即使全神贯注,稍不小心也会把辛辛苦苦"描"出来的圆剪坏,于是先前所做的一切又得重新再来!"在做的过程中有什么麻烦的地方?"教师以石击水,顺水推舟,"有没有改进的方法?"这样一问,不仅将学生的关注点引向改进的方法,同时也将其思虑的目光聚焦到"圆柱的底面周长就是展开长方形的长"这一核心知识点上来。

一拎而百顺,纲举必目张!对核心知识进行聚焦评品不仅为学生弄懂弄透核心知识提供了机会,同时也为学生自主学习提供了赖以生存的广阔空间,这在上述片断中表现得特别充分。首先,教师在课前作了一些铺垫:制作一个圆柱,写出制作的步骤,并记录制作过程中的发现。其次,师生实质上围绕"在做的过程中有什么麻烦的地方""有没有改进的方法"两个问题搭建了一个平台让全班合作与分享。但是,教学环节的简单带来的却不是学生收获的简单,相反,是学生灵性的勃发、智慧的喷涌和教学重难点的突破。"让我再制作一次,我不会这样。我会先剪两个圆,折出圆的直径,算出它的周长,然后再用这个周长作长方形的一条边,用任意长度作长方形的另外一条边。这样不仅方便,而且可以做出底面固定但高不相等的任意圆柱体""圆柱都是瘦瘦高高的,'身材'都那么好。其实这是因为很多同学做圆柱时,不是用长方形的宽作的高,而是用长方形的长作的高,这时宽的长度才应该是底面周长。因此,我并不赞成书上说的,圆柱侧面展开是一个长方形,长相当于底面周长,宽相当于圆柱的高。我觉得正确的说法应该是,圆柱侧面展开是一个长方形,长方形长和宽中的某一条边相当于圆柱的底面周长,另一条边相当于圆柱的高。"青出于蓝而胜于蓝!水乳交融地,学科教学进度与自主探索二者实现了统一。

没有提升的教学是肤浅的,没有深度的教学是苍白的,没有效率的教学是无力的。用这样的观点去驻足回评上述教学,兼具学科教学进度和自主探索、合作交流的课堂浮现在我们的眼前:重组教材,设置高水准的教学内容,让学生在对核心知识的聚焦评品中自主学习。

教学,如何保障"先知先觉"学生的学习权

教师的责任不仅仅是"上好课",更重要的责任在于:保障每一位学生的学习权。但令很多教师头疼的是,现在的学生走进课堂之前,不再是"白纸一张"。相反,通过自学或校外培训机构的辅导,或是其他途径,学生对教师要教的内容知之甚多。教学,如果完全按照教材的编排顺序去演绎,部分学生就会感觉炒现饭,枯燥无趣。那么,如何保障每一位学生尤其是"先知先觉"的学生的学习权,让他们也能兴致盎然地投入到学习中去,就成为以学生为主体的课堂必须解决的问题。下面,我以自己执教的"一位数乘两位数"(北师大版《数学》三年级上册)教学片断为例,谈谈我的一些体会。

[片断回放]

(CAI课件创设情境,抽象出问题后,课件呈现图4-20)

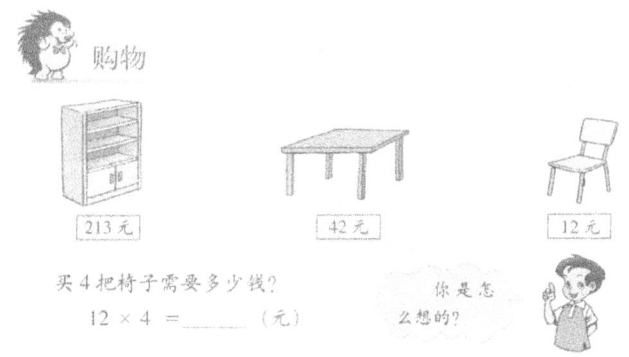

图4-20

师:4把椅子多少钱呢?列算式是12×4,应该怎样计算?(教师板书竖式(1)、竖式(2))老师有两种做法,请同学们自学课本,思考老师做得对不对。

(生自学,3分钟后教师组织交流)

师:首先讨论第一个竖式。

生:老师,你做得不对,12×4应该等于48。

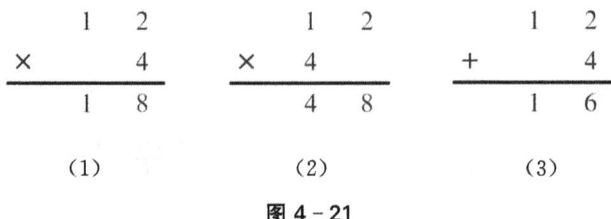

图 4-21

师：说说理由。

生：10 乘 4 等于 40，12 比 10 大，12 乘 4 的积要比 40 大。

生：4 和 2 相乘，还要和 1 相乘。

师：听你们一讲，我感觉我真的算错了。不过，(板书加法竖式(3))用竖式计算加法的时候，加数 4 只要和 2 相加就可以了，为什么乘法竖式中的 4 既要和 2 相乘，又要和 1 相乘呢？

生：书上是这样做的。

师：书上说的就一定对？

(学生沉默)

师：请同学们认真看书，看书上能不能帮我们找到理由。

(半分钟后，慢慢地有学生举手。学生上台展示课本(图 4-22)并作说明。

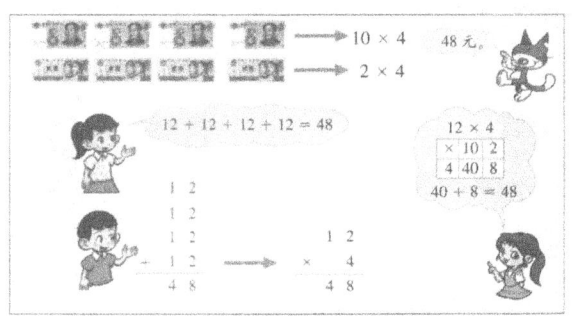

图 4-22

生：同学们，我有一个发现。请看，12×4 写成加法算式是——(指图 4-22)个位上有 4 个 2，十位上有 4 个 1，所以我觉得用乘法竖式计算的时候，4 不仅要和个位上的 2 相乘，也要和十位上的 1 相乘。

师：这位同学说了一个很有趣的观点，谁听清楚了？

生：他说 4 既表示个位上有 4 个 2 相加，也表示十位上有 4 个 1 相加，所以用乘法竖式计算的时候，4 不仅要和个位上的 2 相乘，还要和十位上的 1 相乘。

师：同学们同意吗？（生：同意）看来大家都非常善于读书，不仅看懂了每句话的意思，而且还读出了字里行间的联系！非常了不起！那接下来，(手指竖式(2))我们接着研究这个竖式。

生：老师，我觉得这个竖式不对，4应该和12的个位对齐，他把4对着十位啦。

生：对，对，数位没有对齐。

师：有没有不同的意见？

生：老师，我有一个不同的想法。我觉得12×4的竖式既可以写成这样的形式(指竖式(1))，也可以写成这样的形式(指竖式(2))。刚才我们说了，4既表示个位上有4个2相加，也表示十位上有4个1相加，它两个都管，所以两种写法都可以。

师：谁来质疑？

生：那竖式计算加减法的时候，为什么要规定末位对齐？

生：加减法计算这样规定，是因为相同数位的数才能直接加减，而加减法竖式计算只有末位对齐了才表示数位对齐了。乘法和这个是不同的。4两个都管，两个都要乘，所以对不对齐我觉得无所谓。

生：那书上为什么不写成这样(指竖式(2))的形式？

师：这个我倒要补充一句。尊重课本，但也不要迷信课本。有一句话不是说，尽信书不如无书，有时我们也可以质疑一下"权威"。在乘法竖式中，为了美观，进行乘法竖式书写的时候一般强调末位对齐。

……

一位数乘两位数，如果单从知识和技能的角度来说非常简单，很多学生在走进教室前都已掌握。因此，正如上文所说，如果按照教材的编排顺序去演绎，不少学生会感觉索然无味。以往的教学经历反复验证了这一点。但是本次教学有所不同。片断中，无论是"先知先觉"还是"零起点"的学生都付出了努力，都感受到了智力的冲刺与挑战。究其原因，主要有以下两点。

一、重组教材，设置高水平的挑战性问题

本节课，教师实质上只研究了两个问题：一、如竖式(3)，用竖式计算加法的时候，加数4只要和2相加就够了，为什么乘法竖式中4既要和2相乘，还要和1相乘呢？二、12×4的乘法竖式能否写成如竖式(3)的形式？

这两个问题看似随意，实质却互为补充、层层递进，直指新知的核心。具体地说,12×4=18,部分学生仅凭直觉就可断定不对。"10 乘 4 等于 40,12 比 10 大,12×4 的积当然要比 10×4 的积大,也就是比 40 大。因此,12×4 的得数怎么可能只有 18 呢",但是"12×4 要比 40 大"毕竟只是部分学生的一种直觉,对于数感较弱的后进生来说,从"10×4"想到"12×4",进而想到"12×4"的结果要比 40 大,这一联想过程还是有些复杂。最关键地,对于具体形象思维占优势、逻辑思维刚刚起步的三年级学生而言,由于受加、减法运算的影响,这种蒙眬的直感很难廓清他们心中所有的疑惑:是啊! 加、减法计算的时候,教师明明强调只有相同数位的数才能相加减,可是乘法竖式计算中的 4 为什么既要和个位上的 2 相乘,还要和十位上的 1 相乘呢? 难道仅仅是因为得数不对吗?

在看似寻常处提问题,于无声处起惊雷! 这两个问题虽然在情理之中,但出乎所有学生的意料。惊奇之余,所有学生尤其是"先知先觉"的学生感受到了智力上的冲击与挑战:新知和教材以往的规定不一致? 12×4=18 一定是错了的,但却不是完全没道理。更关键的是,知道错了,怎样才能深入浅出地解释?

一个有张力的数学课堂必然最大程度地接近孩子的真实思维,使其得以展示和完善。直面儿童思维的多样性,关注、保护儿童的困惑与沉默,某种程度上,就能找到课堂教学的立足点,同时也找到促使每一位儿童深入学习的关键。"同学们认真看书,看书上能不能给我们一些启发。"教师以石击水,适时点拨。果然,在教师的引导下,有学优生洞察到了问题的关键:"12×4 写成加法算式是——(指图 4-22),个位上有 4 个 2,十位上有 4 个 1,所以我觉得用乘法竖式计算的时候,4 不仅要和个位上的 2 相乘,也要和十位上的 1 相乘。"而这,也附带地解决了第二个问题。关于这一点,下文再另行阐述。

二、高水平的挑战性问题,并不一定要繁、难、艰、深,而应是外延广、问域宽、少而精、直指教学本质、涵盖教学重难点的问题

众所周知,两位数乘一位数,其关键是让学生明白:作为因数的一位数,不仅要和两位数的个位数字相乘,同时也要和十位数字相乘。但是正如上文所说,由于受加、减法运算"相同数位才能直接相加减"这一知识点的影响,部分学生"只把一位数和两位数的个位数字相乘,而把十位数字照搬下来"。由此可见,扣住了竖式(1),实质上就扣住了知识的节点和学生学习的疑点,同时也扣住了学生"同化"和"顺应"的关键。而学生在对 12×4 之所以不能列成竖式(1)的质疑中,也深刻地洞察了两位数乘一位数算理的本质。顺带地,有了"12×4 中的 4 既表示个位数字上的 4 个 2 相加,也表示十位上的 4 个 1 相加"这一算理作基础,学生也就能够理解12×4写成竖式既可以写成图4-22的形式,也可以写成竖式(2)的形式。博观约取,厚积薄发,有了前面知识的铺垫,在一位数乘整十、整百数的时候,当出现图4-23右(此题是北师大《数学》三年级上册第34页的例题)的竖式时,学生接受起来也不至于觉得突兀。

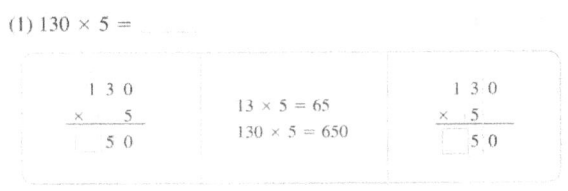

图4-23

而上面的论述某种程度上也揭示了这样一个事实:高水平的挑战性问题,并不意味着所提的问题有多么繁、难、艰、深,相反,外延广、问域宽、少而精、直指教学本质或涵盖教学重难点的问题都能成为高水平的挑战性问题。

为教之道在于导,为学之道在于悟。学会思考是教师送给学生最好的礼物!然而,"没有长期思考型训练的人,是不会深刻思考问题的……无论怎样训练即时性思考,也不会掌握智慧深度。"学生是教师的一面镜子,从学生身上折射出来的是教师的影子。从这个角度说,学生思维的敏锐性、深刻性某种程度上折射了教师思维的深度和广度。

有鉴于此,提外延广、问域宽、少而精、直指教学本质或涵盖教学重难点的挑战性问题,不仅是保障每一位学生学习权的需要,同时也是实现学生思维深刻性的需要!

欣慰过程,也要高兴结果

新课程推进到今天,"注重过程"可以说已浸润于每一位数学教师的神经和血脉。但是,注重过程不应该以淡化结果为代价。那么,如何构建过程与结果的动态平衡,如何促进知识与技能、过程与方法的融合统一、相得益彰,就成为我们每一位数学教师必须思考的问题。下面,我以听到的一节"乘法的初步认识"(人教版《数学》二年级上册)为例谈谈自己的感受。

[片断回放]

(教师让学生自主选择一种自己最喜欢的图形,在规定的时间内,用小棒摆出若干个同样的图形,然后组织学生交流)

师:谁来说一说你摆的是什么图形?你摆一个图形用了几根小棒?你摆了几个这样的图形?

生:我摆的是房子。我摆1座房子要用10根小棒。我摆了4座房子。

师:你摆4座房子一共用了多少根小棒?你能列算式解决这个问题吗?

生:10+10+10+10=40。

师:谁再来介绍一下自己摆的图形?

生:我摆的是小树,摆一棵小树要用4根小棒,我摆了6棵小树,一共用的小棒用算式表示:4+4+4+4+4+4。

生:我摆的是三角形。我摆1个三角形用3根小棒,我摆了11个三角形。

师:谁来说说这位同学一共用了多少根小棒?用算式怎样表示?

(学生说算式时,教师故意多写了一个3)

生:老师,你写错了,多写了一个3。

师(故作惊诧):唉!老师真粗心。

生:老师,不是你粗心,而是3太多了。

师:是啊!3太多了,这样写算式太麻烦了!有没有办法让这个算式变得简单些?

(学生独立思考后,同桌讨论)

师:同学们找到了好的办法没有?

生:我们可以用合并加数的方法。(学生边说边在黑板上演示)3个3合并成1个9,3个3合并成1个9……最后的2个3合并成一个6,所以3+3+3+3+3+3+3+3+3+3+3可以缩写成9+9+9+6。

师:同学们觉得这个方法怎么样?

(大多数学生觉得很好,一位学生提出了不同看法)

生:老师,我觉得他的方法很好,但是这个方法只对一些算式有用。如果一个算式加数很多,比如说加数有100个,合并加数虽然可以使算式缩短,但是合并后的算式依然很长。

师:是啊!如果老师摆上50个、100个甚至更多个这样的三角形,要求一共用了多少根小棒,即使这样把加数合并起来写,算式还是很长。同学们还有没有其他好方法?

生:老师,我觉得把上面这个算式写成11个3相加好一些。

(师板书:11个3相加)

师:3指什么?

生:3指的是这个加法算式中的加数都是3。

师:那11呢?11是哪里来的?算式中没有11呀!

生:11是指3的个数。我数了数,算式中一共有11个3,所以写作"11个3相加"。

师:我们一起来数一数,看是不是有11个3。

(师生一起数)

师:同学们觉得这个方法怎样?

生:这个方法很好,不管算式有多长,都可以写成"几个几相加",很简单。

师:同学们真会动脑筋!你们也会用这位同学的方法来表示刚才的这两道算式(10+10+10+10和4+4+4+4+4+4)吗?

(学生缩减算式后教师组织交流。交流的过程中,教师紧扣"有几个几"向学生发问,让学生体会到相同加数的个数是数出来的,并不表示加法算式中有这个数)

师:还有没有其他的方法?

生:老师,我知道还可以用乘法表示。比如,4+4+4+4+4+4用乘法表示是"4×6"或"6×4"。

师:你是怎么知道的?

生:我爸爸告诉我的。

生:我也是这样做的,不过,我是在书上看到的。

师:谁能说一说,这里的6表示什么?4又表示什么?

(师生交流后,教师向学生介绍乘号、乘法算式的读法和写法,组织学生用乘法改写黑板上及自己练习本上的加法算式,并说一说算式中各数表示的意义)

师:今天同学们都学得非常棒,老师很高兴!看到大家这么认真地学,老师准备给你们一些奖励。××同学,你今天发言的声音特别响亮,老师奖给你1支铅笔;××同学,你今天听讲比过去专心多了,老师奖给你2支铅笔;××同学,你的几次发言都很精彩,老师奖给你3支铅笔。同学们,老师一共奖出了多少支铅笔？你们能用算式表示吗？

生：一共奖了6支铅笔，用算式表示是"1＋2＋3"。

（教师板书：1＋2＋3）

师：这道算式能用乘法算式表示吗？

（学生的意见分成了两派，最终在争论中达成了共识，认为不能用乘法表示）

师：为什么同样是加法算式，前面这几道加法算式能用乘法算式表示，而这一道却不能呢？

生：我发现这道加法算式和前面的几道加法算式不同。虽然它们都是加法算式，但前面几个算式的加数都相同，而"1＋2＋3"中的加数却各不相同。

师：你的意思是，一个加法算式如果能改写成乘法算式，它的什么都必须相同？

生：加数。

师：我们给它取个名字，叫相同加数。

（板书：相同加数）

师："1＋2＋3"不能改写成乘法算式，是因为它的加数各不相同。那么，老师怎样奖励，就可以用乘法算式表示奖出铅笔的总支数呢？

生："3位同学，每人奖2支铅笔，一共奖出了多少支铅笔"可以用乘法算式表示为：$3×2$或$2×3$。

师：老师发现同学们都非常聪明，也都非常认真，老师准备奖给全班每位同学2支铅笔，请大家帮老师算一算，老师应该准备多少支铅笔？怎样列算式？

（学生在练习本上列算式，教师巡视）

师：谁来说一说自己的算式？

生：$35×2$或$2×35$。

师：有没有列加法算式的？为什么都不列加法算式呢？

生：列加法算式太麻烦了，要写35个2连加，练习本一行都写不下。用乘法算式来表示，只要写成$35×2$或$2×35$就够了。

师：看来，求相同加数的和时，还是用——

生（异口同声）：用乘法表示比较简便。

（教师将板书补充完整：求几个相同加数的和，用乘法比较简便）

师：同学们觉得老师刚才教得怎么样？

生：老师，您教得太好了，我们为您的精彩表现鼓掌！

（全班学生鼓掌）

师：老师也为同学们的精彩表现鼓掌！（教师鼓掌后）同学们，你们发现老师的掌声有什么特别之处吗？

生：老师的掌声好像有什么规律。

师：请同学们认真听一听，老师每次鼓了几下？一连鼓了几次？（教师再一次鼓掌）

生（恍然大悟）：老师鼓了3组掌，每组都鼓了4下，要求老师一共鼓了多少下，用乘法算式表示就是3×4或4×3。

师：同学们观察得非常仔细。下面再听老师的掌声，看可以用什么乘法算式表示。

（学生回答后，改为教师说乘法算式，学生用掌声表示。然后同桌互相说乘法算式，互相用掌声表示）

……

有效教学是学校教学活动的一个基本追求。没有提升的教学是肤浅的，没有深度的教学是苍白的，没有热度的教学是无力的。好的教学应该是：学生在兴致盎然中习得了知识，发展了能力。这在上述案例中表现得尤为明显，具体说，有以下两个方面。

一、两次活动——既是为了顺应儿童的天性，又是为了促进儿童的理解和发展

活动是儿童的天性。为了顺应儿童的天性，教师在教学中应尽可能多创设一些儿童喜闻乐见的活动。但是，创设活动的目的绝不仅仅是为了让学生觉得数学好玩，活动的创设应以有利于学生掌握所学的知识为前提。上述教学案例中的两个主体活动——摆小棒、鼓掌，一个"慧心早具"，一个"随机生成"，产生的途径虽然迥异，凸显的特征却相同：以学生感兴趣的形式将所学知识的基本原理、基本关系凸显出来，使学生能以高昂的热情进行聚焦性的、反省性的探究。在第一个活动——摆小棒中，教师利用学生好玩的天性，在规定时间内让学生摆图形。一共用了多少根小棒呢？学生列出来的自然都是加数相同的加法算式。这样就扣住了乘法概念的一个核心：相同加数。但是，仅凭一道算式学生很难深刻地感知。此时，教师的"匠心"就体现了出来：教师让学生摆的是自己最喜欢的图形。不同的学生由于兴趣爱好不同，思维方式不同，他们喜欢的图形也各种各样。这样，一方面体现了教师对学生个性的尊重，另一方面也为学生的探究提供

了丰富的素材。学生将加法算式改写成"几个几相加",改写成"几个几",都是对自己以及对同伴"所列的加法算式"的加工与改造。在上述学习中,学生可能理解了"相同加数"和"相同加数的个数",但这种理解是一种潜在的感悟,是一种"说不清,道不明"的内在感觉,如何将它转化为一种外显的、学生感兴趣的、可以指导的行动?教师抓住课堂教学中一个稍纵即逝的细节——学生为教师的表现鼓掌,顺势利导:教师也为学生的表现鼓掌,并启迪学生,教师的鼓掌和学生的鼓掌有什么不同?学生可以像教师这样鼓掌吗?从而随机生成了"鼓掌"的活动。这样就将学生对"相同加数"和"相同加数的个数"的理解外化为一种可见、可感、可演的实际行动:加数是几就一次拍几下,有几个这样的加数就拍几次。可以想象,每一位学生在多种感官的同时参与中,在兴致盎然的情致中,在老师、同学的对照、反馈中,对"相同加数"和"相同加数的个数"的理解一定会得到深化、巩固。

二、三次奖励——奖励在发挥激励学生学习、组织课堂教学作用的同时,也充当着课堂教学资源的角色

案例中,教师三次奖励学生铅笔,三次奖励,三次激励,都达到了进一步激发学习兴趣、吸引学生注意力、加强组织教学的目的。同时,也是最重要的,三次奖励、三次激励都为后续学习提供了极好的活动素材。为什么这样说呢?大家都知道,乘法是求几个相同加数的和的简便运算,在这里,有两个概念比较重要:相同加数和相同加数的个数。在前面缩减算式的学习中,学生的关注点主要集中在相同加数的个数上,对于加法算式改写成乘法算式的另一个重要条件——加数必须相同,学生可能还有些困惑。因此,教师采取奖励学生铅笔,但铅笔支数不相同的方法,为学生领悟加数必须相同提供了契机:同样是加法算式,为什么前面的能改写成乘法算式,而"1+2+3"就偏偏不能呢?学生在两组算式的直观对比中,很容易感悟到加法算式改写成乘法算式的前提是加数必须相同。"老师怎样奖励,就可以用乘法算式表示奖出铅笔的总支数呢?"表面上看来好像是教师在调整奖励方案,实质是教师对学生是否掌握"加法改写成乘法必须加数相同"这一知识点的检验与反馈。至于"老师准备奖给全班每位同学2支铅笔,请你们帮老师算一算,老师应该准备多少支铅笔?怎样列算式",更是为了让学生在两种方法的直接对比中感受乘法的简便。可见,每一次奖励,每一次激励,既是教学中的一环,又是后续的教学资源,是学生理解、巩固乘法相关知识的一个工具。

"知识与技能的学习必须以有利于其他目标的实现为前提""过程、方法、价值观等目标的追求不能以牺牲对数学知识和技能训练的严格要求为代价"……

重温新课标,对比上述案例,理想中的数学课堂不禁浮现在眼前:学生在兴趣盎然中,能够通过一定的过程和方法,掌握知识与技能。

欣慰过程,高兴结果。我们追求着!

是"数后教"还是"教后数"

"9加几"是人教版《数学》一年级上册的教学内容,它是在学生认识和了解11—20各数的基础上,第一次学习进位加法。

为了让学生顺利掌握进位加法,教材创设了一个生活化的问题情境(如图4-24):阳光体育活动,一群学生在操场上做着各种游戏,有的跳绳,有的踢球,有的捉迷藏……望着满头大汗的学生们,一个疑问自然浮现于心头:待会儿活动完了,给学生们解渴的饮料够吗?

图 4-24

解渴的饮料够吗?这实质是求饮料一共有多少瓶的问题,求解方法当然很多。从主题图可以看出,"9+4"至少有三种算法。

① 点数。从 1 开始,1,2,3,…,一直数到 13。

② 顺着数。9,10,11,12,13,一共有 13 瓶。

③ 凑十法。箱子里的 9 瓶加上箱子外的 4 瓶,从箱子外拿 1 瓶放入箱子里,这样饮料就凑成了一整箱,也就是 10 瓶,整箱外还有几瓶,饮料的瓶数就是十几。

应该说,这个情境很好地展示了算理,揭示了算法。但是,怎样使用这一情境才能最大限度地发挥它的功效?这里有两种教法。

第一种:在抽象出"9+4=?"这一数学问题后,教师再一次出示主题图,提出问题:"9+4"等于多少呢?同学们观察主题图,你可以怎样计算?

第二种:同样地,在抽象出"9+4=?"这一数学问题后,教师让学生自主探索。然后,教师组织学生交流,最后重点引导学生掌握"凑十法"。

哪一种方法更优越呢?教师究竟应该选择哪一种教法呢?表面看来,这只是教学方法的选择问题,实质上,我认为这是教师对情境、对主题图的定位问题,即情境在这里主要是探索"9+4"答案的工具还是揭示"凑十法"算理的承重墙。如果是后者,上述情境如何为学生深入理解"凑十法"的算理而服务?

这里,我们不妨从丁杭缨老师"21×3"的教学片断中寻找答案。

[片断回放]

(教师创设情境:每位同学带 21 个羽毛球,3 位同学一共带多少个羽毛球?学生列出乘法算式 21×3)

师:21×3 到底等于多少呢?你能不能用以前学过的方法来解决这个问题呢?请写在草稿本上。

(学生独立探索,略)

师:(课件展示图 4-25)谁来解释一下,用方法(1)计算的小朋友是怎么想的?

$$
\begin{array}{ll}
(1)\ 20\times 3=60 & (2)\quad\ \ 2\ \ 1 \\
\quad\ \ \ 1\times 3=3 & \quad\ \times\quad\ \ \ 3 \\
\quad\ \ 60+3=63 & \quad\ \overline{\quad\ \ 6\ \ 3}
\end{array}
$$

图 4-25

生1:他是先把 21 分成两份,一份是 20,一份是 1,然后用 3 乘 20 等于 60,还有 3 乘 1 等于 3,60 加 3 等于 63。

师:对,用了昨天我们学习的方法来算今天的知识,把 21 分成两个部分,刚才这位小朋友已经说了,分成20和1,很好。再来看哪位小朋友的?

生2:我想看那个小朋友的竖式写法。

师:好,我们一起来看这个,这正是我们这节课学习的重点,用竖式来计算乘法。看明白了吗?

生3:看明白了。

师:我还不明白,我请这位小朋友上来,跟大家说一说,这个3是怎么来的,6是怎么来的?

生3:这个1乘3等于3,乘法里面还另有乘法,2这里没有,乘法不一样的,2再斜过来,2乘3等于6,就算出来是63。

师:你们听明白了吗?

生:听明白了。

师:你们都听明白了。什么叫2斜过来了?斜过来的意思是什么?刚才他是用3去乘个位上的1,十位上也要跟3相乘,所以他是在告诉大家,要斜过来,别忘了2再乘3,是这个意思吗?

师:我把这个3用红色笔圈出来,3表示什么意思?

生4:表示3个1。

师:所以,这个3要写到个位上。6表示什么意思?

生5:6个10。

师:6个10是怎么来的?

生6:因为那个2是20,不是2,十位上的2乘3是6个10。

师:6是20乘3得到的,所以它表示的是6个10,因此6就应该写在十位上。谢谢这位小朋友给我们一个竖式,本来是我要教的,结果你一写出来,就变成你教大家了。都看明白了吗?

师:那我们来看这个竖式(如图4-26),这位小朋友很有创意,我们来看看他为什么这样写。

```
(3)    2 1              1
     ×   3          ×   3
     ─────          ─────
       6 0              3
                  +  6 0
                  ─────
                    6 3
```

图4-26

生7：21×3约等于60，在这里，3乘1等于3，60再加3等于63。

师：这是一个很有创意的竖式，我们将它命名为"曾氏竖式"。他说的第一步是大约的，20几乘3大约等于60几，然后他用个位上的1乘3等于3，最后加上前面的60，结果等于63。道理还是有一点的，对不对？我觉得这位曾同学很棒，老师没教过他这个方法，但他自己发明了这个竖式，只不过还是和我们现在规定的竖式不大一样，所以我建议你用竖式（2）来计算，可以吗？

师：同学们，乘法竖式是我们今天学习的重点，但是我们在解决这个问题的时候，还可以用昨天学的知识，这就证明昨天的知识和今天学的知识之间肯定是有联系的，对不对？究竟有怎么样的联系，我们来一起找一找，好不好？

师：我点一个竖式中的数，你告诉我它相当于横式中哪一步，并把它圈出来。

师：那么谁愿意上来点点看，在这个图（图4-27）中是指哪一部分呢？（过程略）

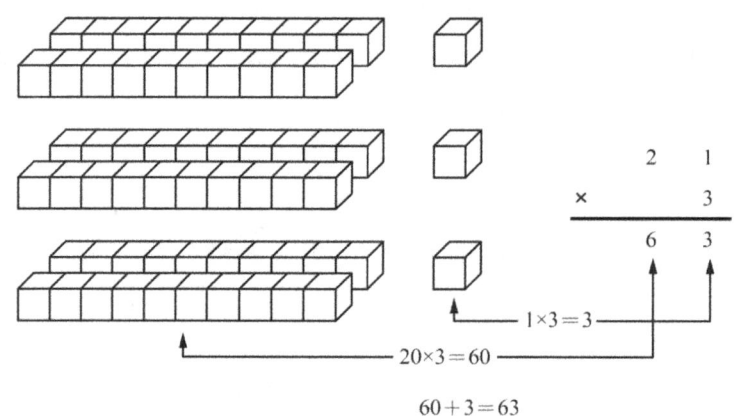

图4-27

师：看来，它们之间有着密切的联系，我们把同学们的回答总结一下。

（学生在把竖式中的结果与图联系时的确有困难）

师：你上来指指看是指哪一部分，在图中是指哪一部分？刚才这位小朋友指的是这一部分3乘1，那么现在十位上的2乘3是指哪一部分呢？请你圈一圈。

师：请看，竖式中的每一步和我们刚才口算当中的每一步，以及我们呈现的图形，它们之间都是有联系的。我们一起来看（指图4-27），老师要把刚才我们所点的用线连起来，你看三个羽毛球相当于口算中的1乘3，相当于竖式中个位上的1和3相乘；再请看，第二次的时候，我们是这样来说的，接下去这根线应该连到哪里去呢,6,好,都理清楚了,原来这三者之间是有联系的。

……

从上述片断可以清楚地看出,面对学生各种各样的算法,教师没有仅仅满足于学生观点的交流和碰撞。这是因为,虽然学生在横式、竖式的比较中也能沟通它们的联系,但是对于具体形象思维占优势的儿童来说,仅仅抽象的论述是不够的。因此,在精心设问引发学生深入思考的基础上,教师别出心裁,抛出直观图,让学生回答计算结果中的"60""3"各表示什么意思,在图中你能够找到它吗。这样,学生就在算式与直观图形的比较中,在口算、竖式和直观图的沟通中,深刻地建构了"21×3"的算理。

举一反三,由此及彼!上述案例给我们以启迪:"9加几"算理的理解不能单纯地依靠教师讲解,教师在展示凑十法后,有必要回过头来,再一次重温主题图,让学生在主题图的直观对照中深刻理解"凑十法"的原理。

推敲,追寻真实地对话

"教室是师生生命活动的场所""课堂是师生生命活动中一段重要的经历",从这一理念出发,课堂教学应从传统的"特殊认识论"提升到生命的高度,在这一过程中,教师已经不再是"权威",学生也不再是"容器",彼此之间进行的是平等、真诚的交流。有鉴于此,有学者指出,教育的本质是对话,而对话的核心是真实。近日,一次"用字母表示数"的网络磨课经历加深了我的这一感受。

[第一次执教]

(在用扑克牌引出字母可表示数的基础上,教师引导学生猜教师的年龄)

师:同学们,下面我们来做一个调查。你几岁了?

生1:我11岁。

师:你呢,多少岁了?

生2:我也11岁。

师:11岁的同学请举手。(学生举手)看来,我们班大部分同学都是11岁。

(板书:同学的岁数11)

师：同学们，刘老师教你们好几年了，你们知道老师今年多大吗？（板书：老师的岁数）猜猜看。

（请几名学生猜一猜后，CAI课件出示"老师比同学大19岁"）

师：现在知道老师多大了吗？怎样算的？

（学生回答后教师相机板书：11+19=30）

师：看来，只要知道你们的年龄，根据老师比你们大19岁这一关系就能算出老师的年龄了。你们已经知道老师现在的年龄了，还想知道其他时候老师的岁数吗？下面，让我们进入时空隧道，同学们可以回忆从前，也可以展望美好的未来，并推算一下，当你经历某一时期时，老师那一年的岁数是多少？把你的想法写下来，小组内交流一下。

学生大组汇报，教师板书如下：

	同学的年龄	老师的年龄
上一年级	6	6+19
小学毕业	12	12+19
初中毕业	15	15+19
大学毕业	23	23+19
⋮	⋮	⋮

师：想说的同学还有很多，如果老师把你们每个人的想法都写出来，你有什么感觉？

生3：太麻烦。

生4：写不完。

师：能不能想个办法，用一个式子概括所有同学的想法，表示出刘老师任意一年的年龄呢？

……

正如上文所言，教育的本质是对话，而对话的核心是真实。咀嚼、品味上述片断，上面这一段对话是真实的吗？学生11岁，教师比学生大19岁，教师30岁，学生已经知道了教师的岁数，还有兴趣继续研究教师的年龄吗？教师的年龄唯一确定，却要求学生用一个不确定的字母表示教师确定的岁数，这自然吗？学生洞察了教师的岁数，还正襟危坐地就岁数问题与教师展开一系列交流，这究竟是学生的主观意愿，还是被教师被动牵引的结果？网友们看似随意实则发人深省的几句话引起了我的深思。是啊，己所不欲，勿施于人！已经知道了结果，就如同柿子失去了水分,再努力包装也只是自欺欺人。既然如此,上述教学应怎样改进?如何才能让学生在真实的对话中自然地感受用字母表示数的必要性与意义?下面是我们思考后的再一次尝试。

[第二次执教]

(课前谈话,略)

师:同学们好,请坐。(出示扑克牌)瞧,老师给大家带来了什么?这节课,老师就用这些扑克牌来表示你们的年龄。(抽出黑桃8)这张表示8岁。(出示黑桃9)这张呢?

生:9岁。

师:(出示黑桃10)这张呢?

生:10岁。

师:(出示黑桃J)这张呢?

生:11岁。

师:用字母J表示11。(出示黑桃Q)这张呢?

生:12岁。

师:用字母Q表示12。你们的年龄都在8至12岁这个范围吧?嗯,幸福快乐的儿童生活真让老师羡慕。下面,我想请一位同学选出属于你年龄的那张牌。(生举手)请你来吧。你好,请问你叫什么名字?

生:我叫黄嘉颖。

师:哦,我可以叫你小颖吗?(学生笑,教师在黑板上板书:小颖)小颖请到这里来。好,我先把牌打乱。(面对小颖)请你选一张代表你年龄的牌。

(学生选一张牌,教师把它反扣在桌面上)

师:谢谢你,小颖,请回座位。我把牌反扣在这里,这张牌就表示小颖的年龄。小颖的年龄有了,同学们想知道老师的年龄吗?

生:想。

师:我先请同学们猜一猜老师几岁。

(学生猜,略)

师:究竟有没有同学猜对呢?我先不告诉你们。我给大家一个信息。(师板书:老师比小颖大20岁)新的信息出来了,同学们对老师的年龄又有了不同的猜测。老师究竟几岁呢?不用急!大家请跟着老师穿越时空!嗖——回到过去,回到了当小颖还是1岁的时候,那个时候老师几岁呢?

师:谁来回答?

生:21岁,20+1=21(岁)。

师:或者1+20=21岁,行吗?(板书:1+20=21(岁))当小颖2岁的时候,老师几岁?

生:22岁,2+20=22(岁)。

师:(板书:2+20=22(岁))当小颖3岁的时候,老师多少岁?全班一起说。

生:23岁,3+20=23(岁)。

师:谁能接着往下说当小颖几岁时,老师几岁?

生:当小颖4岁的时候老师24岁。

师:接着往下说。

生:当小颖5岁的时候老师25岁。

师:继续。

……

师:嗯,大家说着说着都觉得这样说下去烦了。如果这样说下去,课上到结束的时候,老师岁数的问题还没写完。怎么办?

生:在下面加一个省略号。(师板书……)

师:同学们,小颖在不断地长大,小颖每增加1岁,老师也——

生:增加1岁。

师:小颖的年龄和老师的年龄在不断地——

生:变化。

师:可是,有一个数始终没变,是什么?

生:年龄差始终没变。

师:是的,老师比小颖大20岁,这个年龄差始终不变。(给"20"加上着重符号)

师:数学有时就是研究千变万化中变与不变的规律的。同学们再看,这里每一个式子,只能表示每一年老师的年龄,刚才我们都觉得太麻烦了。你们已经学习了用字母表示数,你们能用一个式子,简明地表明任何一年老师的年龄吗?

(生思考)

师:谁来说一说怎样表示?

生:小颖的岁数不知道,可以用未知数 x 来表示。老师比小颖大20岁,所以老师的年龄可以用 $x+20$ 表示。

师:小颖的年龄在不断地变化。用一个字母 x 来表示,然后用 $x+20$ 这一个含有字母的式子表示老师任何一年的年龄,你们觉得这样表示好吗?

生:好。

师:好在哪里?谁来说一说?

生:比较方便。

生:一个含有字母的式子就概括了所有的情况。

师:一个式子就概括了所有的情况,的确很简便。那还可以用其他的字母来表示吗?

生:可以。

师:谁来具体说一说?

生:小颖的年龄用 n 表示,那老师的年龄就是 $n+20$。

师:可以,请坐下。同学们,刚才两位同学用简便的式子就解决了复杂的问题,这就是咱们今天这节课要学习的内容,(板书课题:用含有字母的式子来表示数量)咱们一起来读一读。(生读略)那么请看,x 表示谁的年龄?

生:小颖。

师:$x+20$ 表示谁的年龄?

生:老师。

师:这个 $x+20$ 除了表示老师的年龄,还能反映出什么信息?

生:小颖比老师小 20 岁。

师:或者?

生:老师比小颖大 20 岁。

师:对,既然这样,要想知道 x 是多少,是不是可以直接求出老师的年龄呢?(揭开表示小颖年龄的那张牌,是黑桃10)这张牌表示谁的年龄?

生:小颖。

师:请问,现在这个 x 表示多少?

生:10。

师:那么,当 $x=10$ 的时候,$x+20$ 等于多少?

生:30。

师:你是怎样计算的?

生:$10+20=30$。

师(边板书边讲解):也就是说,把 10 代入 $x+20$ 进行计算。(板书:$x+20$

＝10＋20＝30)

……

推敲，为了真实的对话。显然，与第一次执教相比，第二次执教的素材并没有改变，环节也大体相同，但是给人的感觉却大不一样。究其原因，我以为，其关键在于对细节的推敲与处理上，这在学生年龄这一资源的挖掘和处理上表现得尤为突出。具体地说，在第一次执教中，教师对学生的年龄是"戴有色眼镜"的："同学们，下面我们来做一个调查。""你几岁了？""你呢，多少岁了？"……"11岁的同学请举手，看来我们班大部分同学都是11岁。"接着，教师顺势在黑板上板书：同学的年龄11。显然，这里教师是将班上同一年龄最多的那个数作为全班学生的年龄。这固然从某一侧面展示了教师的教育机智和数学意识，但是不可否认，上述教学明显带有"斧凿"的痕迹，而且不可避免地，其他岁数的学生，如9岁、10岁、12岁……或多或少遭到了忽视。但第二次执教则不然。在第二次执教中，全班学生的岁数不尽相同不仅不是一个缺点，反而成了一种宝贵的资源。正因如此，当教师请小颖在扑克牌中抽出表示自己年龄的扑克牌并把它反扣在桌面上时，不仅自然，而且给教学增添了一种神秘的色彩，无形中提升了学生的兴趣。同时，由于学生不知道小颖抽的是哪张扑克牌，当然也就无法确定小颖的年龄。"老师比小颖大20岁"，虽然有这一提示信息，但由于小颖的年龄不确定，因此教师的年龄仍然不能确定。好奇是学生的天性！平时为自己殚精竭虑的教师究竟多少岁呢？这一问题像一只看不见的手，不时撩拨着学生的神经，让学生欲罢不能，自然地推动学生由浅入深地展开研究。更重要的是，小颖的年龄不确定，这契合学生的已有基础与思维现实：确定的数用具体的数表示，不确定的数用未知数 x 表示。而后者十分有利于学生迁移：x 是一个字母，既然能用 x 表示，自然也能用其他字母表示，这样，字母的引出就成为一种自然。水到渠成地，字母 x 既可能是黑板板书中还没有出现的数（不确定的数），也可能是前面学生提到的任一具体的数。如此一来，学生在联想中深刻地体会到了用字母表示数的简洁性、概括性。至此，让学生体验用字母表示数的必要性和意义这一教学目标也就实实在在地得到了落实！

从统计过程到数据分析观念

统计与概率是小学数学教学的重要内容。近年来,随着对统计教学的不断探索和实践,人们逐渐认识到对于统计学习而言,重要的不是画统计图、求平均数等技能的学习,而是对学生数据分析观念的培养。那么,如何引导学生参与到统计活动的全过程?数据分析观念到底表现在哪些方面?特别地,作为教学导向和杠杆的考试如何体现"过程意识"和"数据分析观念"呢?下面,结合一些中西方"统计与概率"的习题,谈谈我们对上述问题的理解。

一、数据意识

数据不仅仅指数,只要蕴藏着一定的信息,无论是什么表现形式,包括图和语句,都可以是数据。因此,有没有实际背景是数据和数的重要区别。数据意识就是指遇到问题能想到用数据来解决,从而将现实问题化归为数据问题,根据背景选择合适的方法收集数据、描述数据、分析数据。

中国习题案例

小静一家三口随旅游团去九寨沟旅游,她把旅游支出情况制成了如下的统计图:

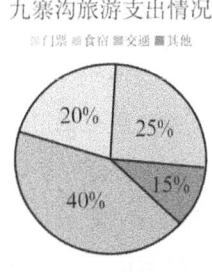

图 4-28

哪一部分的费用占整个支出的 $\frac{1}{4}$？

若他们共交给旅行社 10000 元，则在食宿上大概用去多少元？一家往返的路费共多少元？

西方习题案例

1. Wendy 想通过一个调查来知道哪一种口味的冰激凌在她的学校最流行。如果她在学校中任意抽样，哪种方法是最好的？

  A. 从每个班级中抽 10 名学生；

  B. 从女子垒球队中选一些成员；

  C. 从男子篮球队中选一些成员；

  D. 选一些与自己喜爱口味相同的学生。

2. Emil 想对一场主客场的足球比赛进行调查，看它是否是最受欢迎的比赛。哪种方法可以给他最准确的结果？

  A. 调查主场的拉拉队长；

  B. 调查客场观众所戴的帽子；

  C. 调查在排队人群中的购票情况；

  D. 调查那些不是生活在主办城市的人。

3. 大卖场对在卖场进行消费的人做了一个调查。以下哪种调查方式最合适？

  A. 在一个鞋店进行调查；

  B. 在所有的鞋店进行调查；

  C. 在卖场的入口处进行调查；

  D. 在卖场一公里外进行调查。

【对比评析】 考查统计的知识时，通常都离不开数据与信息。但是，中西方不同的地方在于，中国的考题比较偏重于信息的分析与处理，而西方则偏重于数据的来源与搜集过程。正如例子中所呈现的，中国考题的数据是已经搜集好了的，并且制作成了扇形统计图，学生要做的只是从图表中观察数据、提取信息；而上面 3 道西方的考题，每道题中都含有"调查"二字，说明西方比较重视数据的搜集和整理。当面对一个个复杂的问题情境时，考题能够引导学生形成一种"弄清问题、设计方案、搜集数据、分析解决"的思路和意识。从这个方面来说，西方教给学生的不仅是怎样做统计，更是在引导学生如何做研究。

二、评价意识

评价意识是指学生不仅要去阅读统计图表,还要对统计图表中的指标、收集数据的方法、统计图表设计是否合理、得出的结论是否客观进行评价。

中国习题案例

某工厂有 5 位股东,100 位工人。工人的工资总额与工厂的股东利润总额如下:

年度	工人工资总额	股东利润总额
1990 年	10 万元	5 万元
1991 年	12.5 万元	7.5 万元
1992 年	15 万元	10 万元

该工厂股东根据表中数据,作出了下图(图 4-29),并声称股东和工人"有福同享、有难同当",你如何看待这一说法?

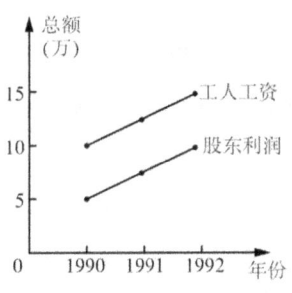

图 4-29

西方习题案例

实验动物

一个动物福利团体想要表明当地一家研究机构在科学实验中所使用的各种动物数量的百分比。他们想要表明的信息如下表。

实验动物	狗	猫	猴子	小白鼠	大白鼠	其他
占实验动物总数的百分比	5%	10%	15%	48%	20%	2%

这是他们画的一幅画。

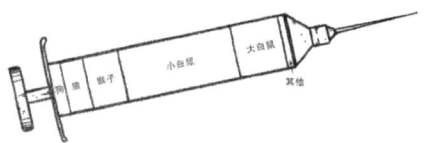

图 4-30

（1）用一句话来解释这幅画为什么会如此引人注目并凸显了实验动物所遭受的苦难。

（2）做研究工作的科学家制作了一幅扇形图，显示了同样的信息。请在下图中将每一个扇形所代表的动物标出来。

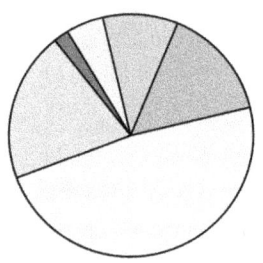

图 4-31

（3）这家研究机构每年使用 50000 只动物。计算一下，以上每类动物各用了多少只？

【对比评析】 西方案例是来自于澳大利亚的一个真实的生活实例：动物福利团体把当地一家研究机构在科学实验中所使用的各种动物数量的百分比用针筒的形式表示出来。这不仅形象地揭示了各种实验使用动物数量的大致比例，而且借助针——这一儿童恐惧甚至厌恶的形象，直观地凸显了实验动物所遭受的苦难，引人注目！匠心不只于此，学生在补充、完善扇形统计图的过程中，自然地把扇形统计图与针筒式统计图相对照，潜移默化中领悟了描述、分析数据要结合具体情境寻找最合适的方法。在中国习题案例中，仅从工厂股东所画的统计图可以看出，1991 年工人工资总额比 1990 年多了 2.5 万元，1992 年也比 1991 年多了 2.5 万元，而股东的总利润也是每年增加 2.5 万元，因此这两条直线的倾斜度是一样的，即互相平行。从这个角度看，工厂股东说大家"有福共享、有难同当"似乎是正确的。但事实上，由于起点不同，人数不同，工人与股东的人均收益情况也不一样，站在局外人的立场上，至少要补充如下两幅统计图：图 4-32(1) 为

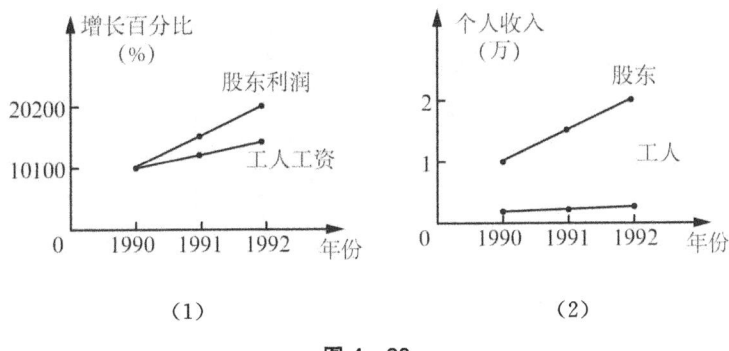

图 4-32

不同年份中股东利润与工人工资增长百分比的信息对比;图 4-32(2)为不同年份中股东与工人个人收入的信息对比。结合这两幅图进行分析,更有利于得出一个客观公正的结论。可见,数据分析的方法决定了其是否客观而有效。因此,用适当的方式再现科学的信息,值得我们引起重视。

三、决策意识

统计,就是用数据说话。而所谓用数据说话,就是用数据解决实际生活中的问题,或借助数据作出判断,这是统计最为重要的环节。

中国习题案例

下面是男女两组学生测得的身高数值。(单位:厘米)

编号	1	2	3	4	5	6	7	8	9	10	11	12
男生身高	162	142	165	162	160	162	155	159	162	166	148	162
女生身高	149	155	140	149	157	149	154	149	149	142	149	142

如果我们要分别找出一些同样高的男生和女生去做仪仗队成员,男生选哪几号最合适?女生选哪几号最合适?

西方习题案例

有超感知觉吗?

卡尔决定调查一下人是否有超感知觉。

他设计了一种测试方法,只要用 3 张硬纸片。测试时,他只让人看到纸片背面,要求被测试人说出纸片正面写的是 A、B 还是 C。

他给每个人测试 60 次。

他把每个人的说对次数记在下面的茎叶图中：

茎	叶
0	7 9
1	2 3 4 7 9
2	0 1 1 3 3 3 9
3	2 4 9
4	1 2

图 4-33

（其中，茎是十位数，叶是个位数）

a. 卡尔测试了多少人？

b. 假如一个人在卡尔的 60 次测试中每次都说出了自己的猜测，你认为他说对的次数最有可能会是多少？

c. 卡尔觉得被测试的人当中有 6 个人可能有超感知觉，他决定对他们再进行测试。

（a）写下卡尔第一次测试时这 6 个人的说对次数。

（b）选择一个统计量说明卡尔为什么选这 6 个人再进行测试。

【对比评析】 数据的价值在数据背后，它能帮助我们提前预测，解决生活中的一些实际问题。应该说，中西两个案例在这方面都作了有益的尝试，但尝试的角度有所不同。"分别挑选一些同样高的男生和女生去做仪仗队成员"，实质是分别求男生和女生身高的众数，但题目并未直接指向求众数，而是结合具体实情，让学生自己作出判断。这种判断（用哪个数或哪个统计量最合适）要建立在对各统计量含义的理解之上。结合实际背景的呈现方式，不仅将知识的考查赋予了现实意义，突出了"用"，淡化了"算"，同时也让学生真切地感受到了统计不是纸上谈兵，是能对生活有所裨益的，进而不回避统计、亲近统计、喜爱统计。而西方的习题案例本身就是一个很有趣的话题，也是孩子们很喜欢的具有神秘元素的问题。在这个案例中，命题者只将数据以一种"茎叶图"（西方一种很流行的数据呈现方式，好处是可以很明显地看出各范围数据的多少）的形式呈现，随后分层次提出几个问题：a 问题的目的是考查学生是否理解了茎叶图的信息；b 问题综合性地考查学生选择用哪个统计量来描述这个信息，考查意旨与中国考题存在相同之处,但是不同之处在于它没有正确的答案。题目只问"最有可能会是多少",学生可以根据自己的理解选择平均数、众数抑或中位数来解释,只要言之有理即可。其实,生活中有很多问题并非只有一个答案,给孩子一点空间,他会学会思考与明辨;c 问题是拓展性题目,先让学生把最高位的 6 个数字找出来,引导学生根据"平均数"这一统计量的本质特点解释最后一个问题。

四、实验意识

史宁中教授曾这样形象地定义统计:掷一枚质地均匀的硬币,如果先定义正面或反面出现的概率各是 $\frac{1}{2}$,然后让学生通过反复掷硬币去验证这个结果,这不是统计。统计是逆过来用数据进行判断,是运用部分来推断总体。具体到掷硬币实验,应该是先让学生多次掷硬币,计算出现正面(或反面)的比例(频率),然后用频率来估计一下出现正面的可能性是多大(或反面)。如果这个可能性接近 $\frac{1}{2}$ 的话,就推断这个硬币大概是均匀的,这才是统计。从上述描述中可看出,统计是以实验为基础的学科,实验是统计的重要方法,实验意识的培养和渗透是统计教学的重要任务。

中国习题案例

小明和小丽把下面 8 张扑克牌打乱后反扣在桌上,每人每次任意摸 1 张,然后放回再打乱。请你为他们设计 3 个公平的游戏规则。

图 4-34

西方习题案例

Celia 有一个混合了 4 种不同硬币的容器。他想抽样估计哪一种硬币最多,哪种方式是最好的抽样方法?

A. 从容器中拿一个硬币;

B. 拿到每种硬币都有一个为止;

C. 从容器中拿出10个；

D. 在不看的情况下取出30个硬币。

【对比评析】 统计离不开实验。若是做对了无数道概率习题却没有培养出一点实验的意识，只能说孩子们仅仅是完成了习题而已。在这方面，中国和西方的命题都很注重实验意识的渗透。中国案例通过孩子们喜欢的游戏形式，试图让孩子们设计公平的游戏，从而体会概率均等的本质；西方的案例则设计了一个抽样统计的模型，让孩子们在感受概率的同时，还体会了研究大样本的过程。不同之处在于，中国的案例更侧重于孩子们目前所处心理阶段喜欢的公平游戏；而西方的案例更具有前瞻性，试图通过练习题，把孩子们的思维提升到一个研究的高度，感受合理抽样统计是统计实验里最常用的方法。成人世界里的每一个习惯、每一种意识其实都是儿时建构科学概念时一点一滴累积的结果，因此，从根源上厘清每件事物的影响因素，是使自己进一步发展成为"专业人士"的关键所在。

如何收集数据？用什么样的图表来展示数据？数据表现出了怎样的趋势？能从这些数据中得到什么样的结论？这样的结论有多大的可信度？实际上，回答这些问题的过程，就是让学生投入到完整的统计活动的过程。在这一过程中，学生可以更好地体会统计的作用，理解统计的概念，把握统计的内涵，形成统计的观念。这是中西方"统计与概率"习题给我们最真切的启示。

让学生学自然的、可持续发展的数学

润物无声、育人无痕是教育的最高境界。"任何一种教育现象，孩子在其中越少感觉到教育者的意图，他的教育效果越大。"从这个角度来说，学生的学习应像呼吸一样自然。但是，在研读教材、分析学情的过程中，我们深刻地感受到从"2、5的倍数的特征"过渡到"3的倍数的特征"有很多的"不自然"——

第一，新知和旧知互相冲突。2、5的倍数的特征只看个位，而3的倍数的特征却要看所有数位上的数字之和，新知和旧知"不一致"，这是第一个不自然。

第二，新知和学生已有的生活经历无联结。3的倍数的特征，不能只从个位上的数来判断,必须把所有数位上的数相加,看所得的和是否是3的倍数。但在学生以往的学习和生活经历中,很少有将"各个数位上的数相加"的生活体验。这是第二个不自然。

第三,知识结构上,2、5的倍数只看个位,3的倍数要看各个数位上的数字的和,给学生的感觉这两个知识是割裂的,一个否定另一个的。而这,和2、3、5倍数的判断方法本质上是一样的相矛盾。显然,这是第三个不自然——知识结构上的不自然。

第四,表面的活跃掩盖了学生不求甚解的实质。具体地说,同一个班的学生,对3的倍数的特征的认识,有的几乎零起点,有的通过预习或父母提前告知,知道判断一个数能否被3整除,要把这个数所有数位上的数相加,但为什么要相加,知其然却不知其所以然。这样,放手让学生自主讨论,某种程度上只不过将"教师告诉"变成了"学生告诉""书本告诉","师灌"变成了"生灌","自学课本"异化成了"记住结论",这是第四个不自然——学习上的不自然。

一切教学法,均源自于学习内容自身的规定性和儿童内在的心理需求。解读教材、分析学情的意义正在于此!那么,如何同化和顺应学生的已有经验?如何让学生"自然"而非"人为"地想到各个数位上的数字和?更为重要地,如何保障先知先觉的学生的学习权,让他们也和零起点的学生一样能兴致盎然地投入到学习中?这些问题成为本次教学重构的重点。下面是我们思考后的实践。

[课堂回放]

一、问询疑点,探询学生的认识起点

师:同学们,这里有三张数字卡片(2、5、9),看一看,它们是——(学生答略)谁能用这三个数字摆几个三位数,使它是2的倍数?

生:592。

师:有没有不同的想法?

生:952。

师:摆2的倍数有什么诀窍?

生:只要把0、2、4、6、8放在个位就一定是2的倍数。

师:非常好!还是用这三个数字,谁能摆几个三位数,使它是5的倍数?

(学生尝试略)

师:5的倍数有什么特点?

生：个位数字是0或5的数都是5的倍数。

师：对！下面增加一点难度，敢不敢挑战？（生：敢！）好！咱们变换一下方式。请同学们把练习本打开。还是用这三个数字，请写出几个三位数，使它们是3的倍数。

师：你写的是什么数？

生：我写的是259或529。

师：和他一样的请举手。你们怎么都把9放在个位？

生：我觉得个位数字是3、6、9的数就是3的倍数。

师：这是你的观点，同意这个观点的同学请举手。老师把它写到黑板上。（板书：3的倍数：个位数字是3、6、9的数）有没有不同的意见？

生：老师，我不同意他们的观点，这两个数不是3的倍数，并且用这三张数字卡片根本摆不出3的倍数。

师：你确定吗？咱们来验证一下。老师这有一个计算器，谁上来操作一下？（学生验算）怎么样？

生：确实都不是3的倍数。

【反思：让学生用数字卡片摆2、5的倍数，学生顺利摆出后，如果接着让学生在黑板上摆3的倍数，试想，假如学优生提前喊"摆不出来"，后进生一定会隐藏自己的想法，甚至违心地附和。因此，转换一种方式，让学生在作业本上写。由于不知道其他学生的想法，果然有很多学生写出了259，529，并且每位学生对自己的答案都信心满满。这样，冲突如期而至！】

二、重锤节点，搭建教学脚手架

镜头1：用4颗算珠拨数

师：看来，个位数字是3、6、9的数不一定就是3的倍数。那么，3的倍数到底与什么有关？今天，我们就来研究这个问题。（板书课题，学生齐读）研究3的倍数的特征，要借助一个学具——计数器。以前用过吗？谁能在计数器上拨一个数？

（一生举手尝试，拨出了13）

师：他用了多少颗算珠？

生：4颗。

师：谁还能用4个算珠拨一个不同的数？（学生尝试略）用4颗算珠可以拨多少个数？

生:很多个。

师:今天,我们就借助拨珠实验来研究3的倍数的特征。怎样研究呢?请看屏幕——

CAI课件呈现:

拨珠实验一:用4颗算珠拨数

(1) 同桌合作:用4颗珠子拨数,一人负责拨珠,一人负责判断拨出来的数是不是3的倍数(可以借助计算器)。

(2) 时间2分钟,看哪一个小组拨出来的数最多。

(3) 填写实验报告单(一)(如下)。

实验报告单(一)

颗数	拨出来的数	
	3的倍数有	不是3的倍数的有
4		

师:有没有不明白的地方?

生:没有。

师:好,同桌商量,然后分工,分好了就可以开始做实验。

(学生活动,教师巡视)

师:哪个小组来汇报?

生:我们拨的数是13,22,31,1003,2002,……

生:我们拨的数是4,40,301,400,……

(学生报数,教师将学生报的数汇总在实验报告单中)

师:等一等,同学们,拨得完吗?(生:拨不完)那么,你们观察老师汇总的实验报告单,有没有什么发现?

生:我们报的数都不是3的倍数。

生:用4颗算珠拨不出3的倍数。

师:同意吗?(生:同意)我们可以在结论这里简洁地写作"4颗算珠拨不出3的倍数"。

【反思：新课程背景下，教师的责任不仅仅是"上好课"，更为重要的责任在于实现每一位学生的学习权。在走进教室之前，虽然部分学生通过自己的经历和体验已经隐隐约约地知道了"3的倍数的特征"与"个位数字"无关，而应是将所有数位上的数字相加，看所得的和是否是3的倍数，但知其然却不知其所以然。鉴于此，教师创设了一个"陌生"的问题情境，让学生在计数器上拨数，这样不仅将"3的倍数特征"与"各个数位上的数字和"巧妙地联系了起来，同时也保障了每一位学生的学习权，尤其是让"先知先觉"的学生也能兴致盎然地投入到学习之中。】

镜头2：自选一个颗数拨数

师：好！既然用4颗算珠拨不出3的倍数，那么是不是不管用多少颗算珠都拨不出3的倍数呢？

生：不是。

师：口说无凭！我们再来做一次实验。

CAI课件呈现：

拨珠实验二：用任意颗算珠拨数

(1) 任意选择一个颗数。

(2) 用你选择的那个颗数拨数。

(3) 同桌分工合作，完成实验报告单（二）（如下）。

实验报告单（二）

颗数	拨出来的数	
	3的倍数有	不是3的倍数的有

我们的结论是_____

师："任意选择一个颗数"是什么意思？（学生解释）

师：好，现在同桌合作，开始做实验！

（学生做实验，教师边巡视边收集实验数据，并输入表格）

颗数	拨出来的数		结论
	3 的倍数有	不是 3 的倍数的有	
4		4　22　13　31　103　301　130　310　1111　1021……	4 颗算珠拨不出 3 的倍数
5		5　50　500　41　14　23　4001　32　302　22010	5 颗算珠拨不出 3 的倍数
6	6　150　501　42　24　21300　321　302001　22020……		6 颗算珠拨出的都是 3 的倍数
7		7　70　52　16　601　502　43　304　1111111……	7 颗算珠拨不出 3 的倍数
9	9　450　5004　333　31122　31302　321111……		9 颗算珠拨出的都是 3 的倍数
12	921　930　444　57　66　84　345　21342……		12 颗算珠拨出的都是 3 的倍数
18	99　918　666　567　891　3456　73062……		18 颗算珠拨出的都是 3 的倍数
……	……	……	……

【反思：两次实验，两次收集、整理信息的方式略有不同。第一次实验，教学的重点在于让学生意识到即使合全班之力，也始终无法用 4 颗算珠摆出 3 的倍数；第二次实验，教学的着眼点在于引导学生观察多少颗算珠才能拨出 3 的倍数，思考算珠的颗数与各个数位上数字之和的关系。教师直接将学生的实验数据输入表格，这样不仅重点突出，也节省了时间。】

师：这是部分小组的实验数据。观察这个表格，你有什么发现？

（学生独立思考后，四人小组交流，教师组织学生汇报）

生：我发现珠子的颗数等于各个数位上的数字相加。

师：具体说说。

生：比如说 345，3＋4＋5＝12，摆这个数就要用 12 颗算珠。

师：那摆 1025 需要多少颗算珠？

生：1＋2＋5＝8 颗。

师:很好。这是一个重要的发现,老师把它写下来。(板书:算珠的颗数＝各个数位上的数字之和)

师:谁还有不同的发现?

生:我发现珠子的颗数是3、6、9时,拨出来的都是3的倍数。

师:谁有补充?除了3、6、9,当颗数是哪些数时,拨出来的也是3的倍数?

生:12、18。

生:只要珠子的颗数是3的倍数,拨出的就一定是3的倍数。

师:还可以怎样说?

(学生沉默不语)

师:同学们设想一下,要是根据这个规律去判断,那么同学们每天岂不是都要背着一个计数器?在判断一个数是不是3的倍数前,必须先在计数器上拨一拨,数一数吗?联系刚才的发现想一想,谁不借助计数器也能判断一个数是不是3的倍数?

生:各个数位上的数字和是3的倍数,这个数就是3的倍数。

师:具体说说你是怎么想的。

生:刚才说了,算珠的颗数就等于各个数位上的数字和,所以算珠的颗数是3的倍数,说明这个数各个数位上的数字和也是3的倍数。

师:同意吗?(生:同意)那谁上来把这个发现改一改?同学们觉得这个猜想怎样?

师:老师也赞同你们的猜想。不过,猜想毕竟只是猜想,要想知道猜想是否正确,我们还要验证。怎样验证?有没有好的建议?

【反思:关于实施合作学习,目前教师普遍的焦虑是合作学习在"某种程度上"影响了教学的进度。解决的有效策略之一是设计大活动,提出大问题,高水准地设定合作学习的主题。让学生分小组"任选一个颗数拨数",每个小组只选择一种颗数,这样既有利于节省课堂教学的时间,同时,由于各小组选择的颗数不尽相同,也就为各小组交流、观察、碰撞、发现作了铺垫与孕伏。】

镜头3:自由报(或拨)数,验证规律

师:老师有一个建议,想不想听听?(CAI课件出示活动三)

(1)一位同学报数,计算自己报的数的数字和,判断是不是3的倍数。

(2)另一位同学用计算器验证同桌的判断。

(3)如果你找到一个数,它的数字和是3的倍数,但这个数却不是3的倍数;或者它的数字和不是3的倍数,这个数却是3的倍数,请把它记下来。

师:看明白了吗?谁来解释一下?

生:我任意报一个数,比如说708,数字和是15,我觉得它应该是3的倍数。我的同桌用计算器验算发现,708除以3的确没有余数。

师:都学会了吗?一个人负责报数、判断是不是3的倍数,另外一个人负责用计算器验证。

(学生交流,教师巡视指导)

【反思:教学,是对智力的冲刺与挑战。一位学生报数、判断后另一位学生用计算器验算。这本身就充盈着竞争与挑战。这正好印证了日本著名教育家佐藤学教授的那句话:挑战学习的儿童是灵动的、高雅的、美丽的。】

三、以问导学,拓展延伸

师:同学们,今天我们通过小组合作,明白了3的倍数的特征。学到这里,你有没有什么想问的?

生:我不明白,3的倍数的特征为什么和所有数位上的数都有关,而2、5的倍数特征只和个位数字有关呢?

……

师:这位同学提了一个很好的问题。其实,一个数是不是2、5的倍数和一个数是不是3的倍数的判断方法实质是一样的,等同学们到了高中或者大学就会明白了。今天的课就上到这里。下课!

【反思:下课铃的响起并不意味着问题的结束;相反,它应成为许多新的问题的开始。2、5的倍数特征为什么只和个位上的数有关,而3的倍数的特征却和所有数位上的数都有关?这一问题的抛出,不仅意味着学生问题意识的增强,同时也为学生从2、3、5倍数特征孤立、割裂、甚至是相互对立的表象中跳离出来提供了可能。课结束而曲不终!这一疑问会一直激荡在学生心头,促使学生不懈地去探究。】

正如前文所述,在接触"3的倍数的特征"之前,学生已经学习了"2、5的倍数的特征"。看一个数是不是2、5的倍数,只需看这个数的个位。个位是0、2、4、6、8的数就是2的倍数,个位是0、5的数就是5的倍数。而3的倍数的特征则不然,一个数是不是3的倍数,不能只看个位,而要看它所有数位上的数字之和。为什么会这样?越是"课前自学""校外培训""爸爸妈妈先教"的学生就越会产生这样的疑问。这既彰显了知识前后"不一致""相互矛盾"的地方,同时也凸显了学生认识上的盲区,即在某种程度上,位值制是研究数的倍数特征的基础。从位值制的角度讲,一个数能否被2、3、5乃至被其他数整除,要看这个数各个数位上的数被某数除,所得的余数之和能否被某数整除。如果余数之和能被某数整除,那么这个数也一定能被某数整除;反之则不能。这是知识的节点,也是学生认识的盲点。虽然小学生受知识和思维特点的限制,还不可能从这样的高度去建构与理解,但是,这并不意味着教师不可以作相应的渗透。事实上,这正是本次教学重构"响鼓重锤"的地方。

学生的学习应像呼吸一样自然!那么,如何让学生"自然"而非"人为"地想到"位值制"和"所有数位上的数字之和"呢?特别地,有没有学生熟悉的、可以利用的经历与活动,能让学生自然地将"各个数位上的数字相加呢"?在反复斟酌的基础上,我们想到了用计数器作为学生同化、顺应新知的脚手架。理由有三:其一,计数器"所拨的数的各个数位上的数字和"等于一共使用的"算珠的颗数",而4颗算珠拨不出3的倍数,6、9、12……颗算珠拨出来的都是3的倍数,这样不仅将学生思维的关注点从"个位上的算珠"顺利地转移到"一共使用的算珠的颗数",同时也在对上述问题的考量中,让学生自然地感受到"各个数位上的数字和"与"算珠的颗数"甚至与"3的倍数的特征"的关系。其二,活动是儿童的天性。用计数器拨数,不仅能让抽象的"数字和"具体化,而且"3的倍数的特征"与"所有数位上的数字都有关"这一直观的印象必将深刻地留在学生的脑海中,为学生升入高中乃至大学后从数论的角度研究所有数的倍数的特征作铺垫。其三,也是最重要的,正如前文所说,在走进课堂之前,部分学生已经"先知先觉"地了解了"3的倍数的特征",如何让这部分学生同其他学生一样也对教师即将讲授的内容保持浓厚的兴趣?"陌生化"无疑是一种好的策略。事实证明,让学生用计数器拨数,把所有学生置于一个看似与"各个数位上的数字相加"根本无关的陌生的情境中,既为学生洞察现象背后的本质提供了契机,同时也保障了每一位学生,尤其是"先知先觉"的学生挑战高水准学习的机会。

后　　记

拙作《提大问题，做大气的数学教师》完稿了，心情既激动又高兴。从1995年参加工作至今，二十年来辗转于深圳、湖北之间，工作地点虽然转换，但对教研仍痴心不改。也正是这样一股对教学执着的热爱，20年来一直推动我将教育教学中的点点滴滴记录下来，汇编成册，就成为本书的文字。

出书要写后记，生性闲散的我，自然无暇考究是从什么时候开始有这样的传统，但我总认为这是件好事。于人有益，不拘形式，不拘内容，随便说来，轻轻松松中道明了写书的过程和最初的想法；于己也可以理解为，"跳过一场舞后"，欢快也好，郁闷也好，跳舞者总要松一松领带，忍不住要倾诉，何况是正待卸下枷锁的业余作者呢。

只是我自己在这样一个大好机会面前颇感受窘。原因是这样的：倘若我是才华横溢的大家，写后记自然可以借机传经授法，而作为一个教育园地且行且玩的闲暇者，不免就诚惶诚恐，唯恐思虑不周，观点偏颇，给别人错误的影响。

然而，机会毕竟是机会。我仔细想来，唯一要做的而且能做的，就是借着这几行文字对这些年来一直关心、关注我的前辈们表示感谢。从我参加工作以来，学校领导，广东、家乡、深圳市以及福田区教育研究院的领导不遗余力地点拨我。就因着他们默默无私的关心，我的思虑才能得以一点一滴的长进。当然，没有《当代教育家》常务副主编陈洪杰老师的牵线搭桥，没有上海教育出版社蒋徐巍、曲春蕊两位老师的细心修葺，这朵羸弱的小花还是没有机会呈现在读者面前。我永远感激并敬爱他们。出书对于热爱写作的我来说是莫大的欣慰，但愿我这本很真诚的小册子也能为关心、支持我的老师们带去些许欣慰。

图书在版编目(CIP)数据

提大问题,做大气的数学教师/刘全祥著.—上海：
上海教育出版社,2015.4
ISBN 978-7-5444-6153-5

Ⅰ.①提… Ⅱ.①刘… Ⅲ.①小学数学课—教学研究
Ⅳ.①G623.502

中国版本图书馆CIP数据核字(2015)第068665号

策划编辑 蒋徐巍
责任编辑 蒋徐巍　曲春蕊
封面设计 郑　艺

提大问题,做大气的数学教师
刘全祥　著
_____

出　　版　上海世纪出版股份有限公司
　　　　　　上 海 教 育 出 版 社
　　　　　　易文网 www.ewen.co
发　　行　中国图书进出口上海公司

版　　次　2015年4月第1版

书　　号　ISBN 978-7-5444-6153-5/G·5022

www.ingramcontent.com/pod-product-compliance
Lightning Source LLC
Chambersburg PA
CBHW080449170426
43196CB00016B/2730